As interpretações de
TIM MAIA

Melodias e letras cifradas para
guitarra, violão e teclados

Produzido por
Luciano Alves

Nº Cat.: 289-A

Irmãos Vitale S.A. Indústria e Comércio
www.vitale.com.br
Rua França Pinto, 42 Vila Mariana São Paulo SP
CEP: 04016-000 Tel.: 11 5081-9499 Fax: 11 5574-7388

© Copyright 2002 by Irmãos Vitale S.A. Ind. e Com. - São Paulo - Brasil
Todos os direitos autorais reservados para todos os países. *All rights reserved.*

CIP-BRASIL. CATÁLOGO NA FONTE
SINDICATO NACIONAL DOS EDITORES DE LIVROS, RJ

Maia, Tim, 1942-1998
    As interpretações de Tim Maia : melodias cifradas para
guitarra, violão e teclados
/ produzido por Luciano Alves. -- São Paulo : Irmãos Vitale, 2002
        . - (o melhor de)

ISBN 85-7407-132-3
ISBN 978-85-7407-132-9

1. Música para guitarra. 2. Música para violão. 3. Música para instrumentos de teclados. 4. Partituras
I. Alves, Luciano, 1956-. II. Série

02-1975   CDD-786
                                                           CDU-786

CRÉDITOS

Produção geral e editoração de partituras
LUCIANO ALVES

Transcrições das músicas
FLAVIO MENDES E ALESSANDRO VALENTE

Revisão musical
CLAUDIO HODNIK

Revisão de texto
MARIA HELENA GUIMARÃES PEREIRA

Projeto gráfico e capa
MARCIA FIALHO

Gerente de projeto
DENISE BORGES

Produção executiva
FERNANDO VITALE

SUMÁRIO

Prefácio	5
Introdução	9
A festa do Santo Reis	34
Azul da cor do mar	40
Canário do Reino	38
Chocolate	25
Como uma onda (Zen surfismo)	47
Coroné Antônio Bento	45
Cristina	27
Eu amo você	22
Gostava tanto de você	13
Leva	50
Me dê motivo	71
Não quero dinheiro	16
Não vou ficar	11
O descobridor dos sete mares	19
Padre Cícero	9
Primavera (Vai chuva)	36
Réu confesso	42
Rio	59
Salve Nossa Senhora	32
Sossego	66
Telefone	68
Um dia de domingo	54
Vale tudo	64
Você e eu, eu e você	61
Você	29

PREFÁCIO

TIM MAIA
O mar nem sempre de almirante de um descobridor dos sete mares

"Antigo procurador de comunidades e cortes. Advogado de corporação administrativa. Encarregado de uma sindicância. Indivíduo eleito para zelar pelos interesses de uma comunidade. Mandatário assalariado, do falido e dos credores, encarregado das operações de uma falência. Pessoa escolhida para tratar dos interesses dos condôminos em um edifício residencial."

Bem, isso é o que diz o Michaelis. No Aurélio, a definição de síndico é complementada: "administrador duma falência, sob a imediata direção e superintendência do juiz, que o escolhe pela sua idoneidade moral e financeira entre os maiores credores do falido, podendo a escolha recair em pessoa estranha idônea e de boa reputação, se três credores renunciarem seguidamente à nomeação. Nesta acepção, liquidante."

Difícil saber em quem pensava exatamente Jorge Ben ao nomear Sebastião Rodrigues Maia, o Tim Maia, síndico da música brasileira (W/Brasil, 1991). Mas uma coisa é certa: quando ele abriu mão do esquema convencional das gravadoras e criou seus próprios selos (Seroma e Vitória Régia), mesmo que por linhas tortas, já estava dizendo que algo precisava mudar nos rumos da indústria fonográfica. Tim Maia, com certeza, era a "pessoa estranha idônea e de boa reputação" em condição de proclamar que o modelo tradicional estava a caminho do esgotamento, como quase vinte anos depois o Napster veio a comprovar internacionalmente.

Era preciso ter estrada e cacife para bancar o disco independente – nada que intimidasse esse niteroiense nascido a 28 de setembro de 1942. Penúltimo de uma família de 19 irmãos, aos oito anos já compunha suas primeiras músicas. Aos 14, criou o primeiro conjunto musical, "Os Tijucanos do Ritmo", do qual era o baterista. Ao mesmo tempo, começou a estudar violão, formando em 1957 o conjunto "Os Sputniks", do qual faziam parte também Roberto e Erasmo Carlos. Tim foi professor de violão de ambos.

Quando o pai de Tim Maia morreu, em 1959, ele foi para os Estados Unidos. Não havia completado ainda 17 anos. Além de estudar inglês, iniciou carreira como vocalista, participando do conjunto "The Ideals". Em 1963, foi preso por porte de maconha. Após seis meses de prisão e 60 dias de espera, as autoridades norte-americanas o deportaram. Como se vê, já tinha uma bela biografia quando estreou no disco, no Brasil, com um compacto gravado para a CBS em 1968, com as músicas Meu país e Sentimento, ambas de sua autoria.

Um ano depois, a carreira ganhou fôlego, com o lançamento de um outro compacto simples pela Fermata com These are the songs (regravada em 1970 por Elis Regina em duo com ele, no elepê Em pleno verão) e What you want to bet. Era hora de pensar num elepê, gravado naquele mesmo ano para a Polygram. Com ele, Tim permaneceu em primeiro lugar no Rio de Janeiro por 24 semanas. Principais sucessos do disco: Coroné Antônio Bento (Luís Wanderley e João do Vale), Primavera (Cassiano) e Azul da cor do mar, do próprio Tim. Nos três anos seguintes, pela mesma gravadora, lançou os discos Tim Maia volume II (com Não quero dinheiro - Só quero amar), Tim Maia volume III e Tim Maia volume IV, no qual se destacaram Gostava tanto de você (Edson Trindade) e Réu confesso.

Foi aí que o cara da pá virada deu uma guinada surpreendente. Aderiu à seita Universo em Desencanto e se tornou um "racional". Em 1975, gravou dois álbuns que se chamam "Racional vol. 1" e "Racional Vol. 2". Em 1978, já na Warner, a bandeira branca: no sucesso do elepê Tim Maia Disco Club, ele clamava: "eu quero sossego". Não era tão simples e ele acabou, em 1983, como um Descobridor dos sete mares, com um disco em que outra faixa se tornaria sucesso: Me dê motivo (Sullivan e Massadas).

Nos anos 80, Tim Maia colocou outra gravação entre os maiores sucessos de execução no país: Do Leme ao Pontal, do disco de 1986. Mas suas relações com a direção das gravadoras pareciam cada vez mais deterioradas e Tim caiu na clandestinidade. Lançou, em 1990, o álbum Tim Maia interpreta clássicos da bossa nova. Nos anos subseqüentes, Voltou a clarear e Nova era glacial.

A esta altura já se tinha como certo que, se Tim Maia podia abrir mão das gravadoras, o Brasil não podia abrir mão de Tim Maia. Quando a citação de Jorge Ben em W/Brasil estourou, em 1993, ele voltava a fazer sucesso a partir de uma regravação de Como uma onda (Lulu Santos e Nelson Mota). Detalhe: a regravação foi feita para um comercial de televisão de grande repercussão e acabou incluída no CD Tim Maia, daquele mesmo ano.

Este novo impulso redimensionou a produtividade dos últimos anos da carreira de Tim Maia. Ele passou a ser assumidamente o síndico que gerenciava o espólio do que de melhor a música brasileira era capaz de produzir – fosse através dos autores da bossa nova, fosse através da melhor produção de autores mais novos de canções românticas, funks e souls. Paralelamente, suas músicas mais famosas passaram a ser redescobertas por artistas jovens, como Os Paralamas do Sucesso, Marisa Monte e Skank. Em 1996, Tim gravou dois CDs ao mesmo tempo: Amigo do rei, com "Os Cariocas", e What a Wonderful World, recriando standards do soul e do pop norte-americanos dos anos de 1950 a 1970.

Em 1997, três novos CDs deram números definitivos à sua discografia original. Foram 32 discos em 28 anos de carreira, sem contar as reedições e coletâneas que saíram e continuarão saindo, rendendo tributo a um dos maiores estilistas da música brasileira em todos os tempos.

Em março de 1998, Tim Maia voltou a Niterói. Tinha de gravar um show para a tevê.

Foi justamente na sua cidade natal que passou mal no palco, durante a apresentação. Prontamente socorrido e hospitalizado, não resistiu a uma infecção generalizada e faleceu.

Ou não – se formos capazes de imaginá-lo como um vulcão de tempos em tempos tonitruante. Neste songbook da Vitale, que tenho a honra de prefaciar, vinte e cinco dos seus maiores sucessos permanecem em estado de repouso. Bem, pelo menos até que alguém, na assembléia geral, resolva dar outra vez a palavra ao síndico.

Roberto M. Moura

Roberto M. Moura é jornalista, mestre em Comunicação e Cultura pela ECO/UFRJ e doutorando em Música pela UNIRIO. É autor de
Carnaval - Da Redentora à Praça do Apocalipse,
MPB – Caminhos da arte brasileira mais reconhecida no mundo
e Praça Onze – No meio do caminho tinha as meninas do Mangue.

INTRODUÇÃO

Esta publicação apresenta vinte e cinco sucessos de Tim Maia, transcritos para a pauta musical, na forma em que tornaram-se conhecidos na interpretação do cantor/compositor.

Além das melodias cifradas, com as letras alinhadas embaixo, incluí, também, as letras cifradas com acordes para violão, o que torna a publicação mais abrangente, tanto quanto facilita consideravelmente a compreensão e a tarefa de "tirar" a música.

O registro das letras, melodias e cifras reflete com máxima precisão as gravações originais dos CDs. Em algumas músicas, porém, como "Eu amo você" e "Você", a divisão rítmica da melodia foi escrita de forma simplificada, a fim de tornar a leitura mais acessível.

Para a notação musical, adotei os seguintes critérios:

A cifragem é descritiva, ou seja, exibe a raiz do acorde e suas dissonâncias.

Quando há um ritornelo e a melodia da volta é diferente da primeira vez, as figuras aparecem ligeiramente menores e com hastes para baixo. Neste caso, a segunda letra é alinhada com as notas para baixo, como demonstra o exemplo a seguir:

Se um instrumento solista avança por um compasso onde há voz, as melodias são escritas com hastes opostas, sem redução de tamanho.

As convenções de base mais marcantes estão anotadas na partitura, logo acima das cifras, com "x" e losango, correspondendo às figuras pretas e brancas, respectivamente.

Nas letras cifradas, as cifras dos acordes estão aplicadas nos locais exatos onde devem ser percutidas ou cambiadas, como mostra o próximo exemplo. Esta forma é mais conveniente para aqueles que já conhecem a melodia ou para os que não lêem notas na pauta.

```
        A              G#m
É pro__cissão, romari__a
        C#m                A
É sol    no céu da Bahi__a
    E       D
Hey, hey
```

Nos diagramas de acordes para violão, a ligadura corresponde à pestana; o "x", acima de uma corda, indica que a mesma não pode ser tocada; e o pequeno círculo refere-se à corda solta. Alguns diagramas possuem ligadura e "x". Neste caso, toca-se com pestana mas omite-se a corda com "x". As cordas a serem percutidas recebem bola preta ou pequeno círculo.

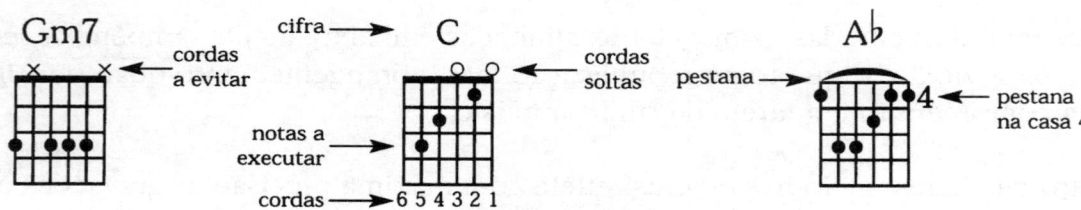

Optei, genericamente, pela utilização de posições de violão consideradas de fácil execução. No entanto, determinadas músicas que possuem baixos caminhantes ou sequências harmônicas de características marcantes exigem acordes um pouco mais complexos, o que estabelece, em contrapartida, maior fidelidade ao arranjo original da música.

Em alguns casos, músicas gravadas originalmente em tonalidades de difíceis leitura e execução para o músico iniciante, tais como Db e F# foram transpostas um semitom abaixo ou acima, para facilitar.

Luciano Alves

Padre Cícero

TIM MAIA e
CASSIANO

Gm	No sertão do Cra_to
Gm	Nasce um homem po_bre
Gm	Porém muito jo_vem
Bm	Porém muito jovem
Em A7 D7	Todo mun__do vai saber quem ele é

Gm	Esse homem estu_da
Gm	Mesmo sem aju_da
Gm	Se formou primei_ro
Bm	E no Juazeiro
Em A7 D7	Todo mun_do respeitou o Padre Cí_cero

G7	Padre Cí_cero
D7	Padre Cí_cero
G7	Padre Cí_cero
Bm Em	Daí então tudo mudou
Bm Em	De reverendo a lutador
Bm G	Desperta ódio e amor
	Passaram anos pra saber
A7	Se era bom ou mau mas ninguém
	Até hoje afirmou

Gm D	Era um triste di_a
Gm D	Pois alguém trazi_a
Gm D	Cego, surdo e po_bre
Bm	Cego, surdo e pobre
Em A7	Desse jei_to faleceu
D7	O Padre Cí_cero
G7	Padre Cí_cero
D7	Padre Cí_cero
G7	Padre Cí_cero

Repete e fade out:

| D7 | Padre Cícero romeiro |
| G7 | Romeiro do Nor__te |

Copyright © 1972 by MUSICLAVE EDITORA MUSICAL LTDA.
Todos os direitos autorais reservados para todos os países. *All rights reserved.*

Não vou ficar

TIM MAIA

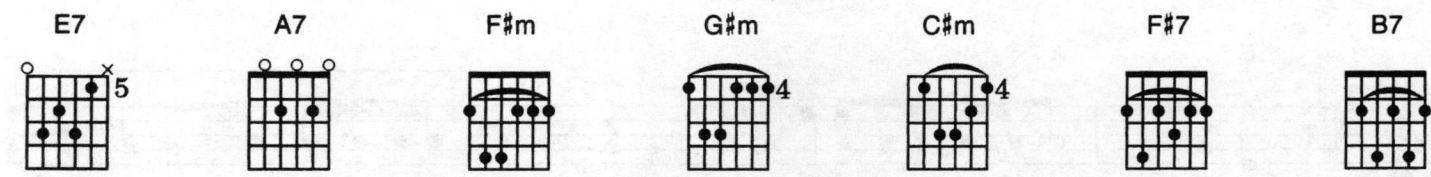

Introdução: **E7 A7 E7 A7**

E7
Há muito tempo eu vivi calado
    A7   **E7**
Mas agora eu resolvi falar

Chegou a hora, tem que ser agora
    A7   **E7**
E com você não posso mais ficar

Não vou ficar, não
A7   **E7**
Eu não vou mais ficar
A7   **E7**
Por isso eu não vou mais ficar

E7
Toda verdade tem que ser falada
   A7   **E7**
E não vale a gente se enganar

Não tem mais jeito, tudo está desfeito
    A7   **E7**
E com você não posso mais ficar

Não vou ficar, não
A7   **E7**
Eu não vou mais ficar
A7   **E7**
Por isso eu não vou mais ficar

F#m   **G#m**
Pensando bem
F#m   **G#m**
Não vale a pe__na
F#m   **G#m**
Ficar tentan__do em vão
   C#m   **F#7**   **B7**
O nosso amor não tem mais condição

E7
Por isso resolvi agora
              A7
Acabar com toda história
            E7
Não vou mais ficar

O nosso amor não tem mais jeito
         A7
Tudo está desfei_to

Não vou mais ficar

Juro que não vou
A7   **E7**
Por isso eu não vou mais ficar
A7   **E7**
Por isso eu não vou mais ficar

Fade out no final:
Pensando bem *(etc.)*

Copyright © 1969 by EMI SONGS DO BRASIL EDIÇÕES MUSICAIS LTDA.
Todos os direitos autorais reservados para todos os países. *All rights reserved.*

Gostava tanto de você

EDISON TRINDADE

AM7 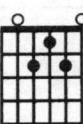   E7 4(9)    Bm7 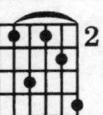   C#m7

Introdução: **AM7 E7 4(9) AM7 E7 4(9)**

AM7
  Não sei por que você se foi
Bm7
  Quantas saudades eu senti
C#m7
  E de tristezas vou viver
Bm7   **AM7**
  E aquele adeus não pu__de dar
               Bm7
  Você marcou a minha vi__da
                  C#m7
  Viveu, morreu na minha histó__ria
             Bm7
  Chego a ter medo do futu__ro
                AM7
  E da solidão que em mi__nha porta bate

REFRÃO:

E7 4(9) AM7
  E   eu
E7 4(9)   **AM7**
  Gostava tanto de você
E7 4(9)   **AM7 E7 4(9)**
  Gostava tanto de você

AM7   **Bm7**
  Eu corro, fujo desta som__bra
               C#m7
  Em sonho vejo este pass__ado
               Bm7
  E na parede do meu quar__to
            AM7
  Ainda está o seu retrato

  Não quero ver pra não lembrar
Bm7
  Pensei até em me mudar
C#m7   **Bm7**
  Lugar qualquer que não exis__ta
          AM7
  O pensamento em você

Refrão

Não sei por que você se foi *(etc.)*
...E da solidão que em minha porta bate

Refrão

Eu corro, fujo desta sombra *(etc.)*
...O pensamento em você

Refrão

Instrumental fade out: **AM7 E7 4(9)**

Gostava tanto de você

EDISON TRINDADE

♩ = 90

Não sei por que você se foi___ Quantas saudades eu senti___ E de tristezas vou viver___ E a-que-le a-deus não pu-de dar Você marcou a minha vi-da Viveu, morreu na minha história Chego a ter medo do futuro E da solidão que em mi-nha porta bate___ E eu___ Gostava tanto de você___ Gostava tanto de você___ Eu corro, fujo desta sombra Em sonho vejo este passado E na parede do meu quar-

Copyright © 1972 by IRMÃOS VITALE S/A INDÚSTRIA E COMÉRCIO - São Paulo - Brasil.
Todos os direitos autorais reservados para todos os países. *All rights reserved.*

Não quero dinheiro

(Só quero amar)

TIM MAIA

Introdução: D/A A D/A A D/A E7

A   F#m7
Vou pedir pra você   voltar

A   F#m7
Vou pedir pra você   ficar

    E7 4(9)
Eu te a__mo

         A   E7 4(9)
Eu te quero bem

A   F#m7
Vou pedir pra você   gostar

A   F#m7
Vou pedir pra você   me amar

   Dm
Eu te a__mo

            E7 4(9)
Eu te adoro, meu amor

A7(13)   D
A semana inteira

     E7/D
Fiquei esperando

       C#m7
Pra te ver sorrindo

      F#m7
Pra te ver cantando

            Bm7
Quando a gente ama

            E7 4(9)
Não pensa em dinheiro

        A   A7(13)
Só se quer amar, se quer amar, se quer amar

    D
De jeito maneira

    E7/D
Não quero dinheiro

        C#m7
Quero o amor sincero

           F#m7
Isto é que eu espero

              Bm7
Grito ao mundo inteiro

        E7 4(9)
Não quero dinheiro

         A   E7 4(9)
Eu só quero amar

A   F#m7
Te espero para ver   se você vem

A   F#m7
Não te troco nesta vi__da por ninguém

        E7 4(9)
Porque eu te amo

         A   E7 4(9)
Eu te quero bem

A   F#m7
Acontece que na vi__da a gente tem

A   F#m7
Que ser feliz por ser ama__do por alguém

        Dm
Porque eu te amo

Eu te adoro

       E7 4(9)
Meu amor

Repete ad libitum e fade out: A semana inteira *(etc.)*

♩ = 139

Instrumental D/A A D/A A D/A E7

Voz A F#m7 A F#m7

Vou pe-dir pra vo-cê____ vol-tar   Vou pe-dir pra vo-cê____ fi-car Eu te a____
Vou pe-dir pra vo-cê____ gos-tar Vou pe-dir pra vo-cê____ me_a-mar Eu te a-____

Copyright © by WARNER CHAPPELL EDIÇÕES MUSICAIS LTDA.
Todos os direitos autorais reservados para todos os países. *All rights reserved.*

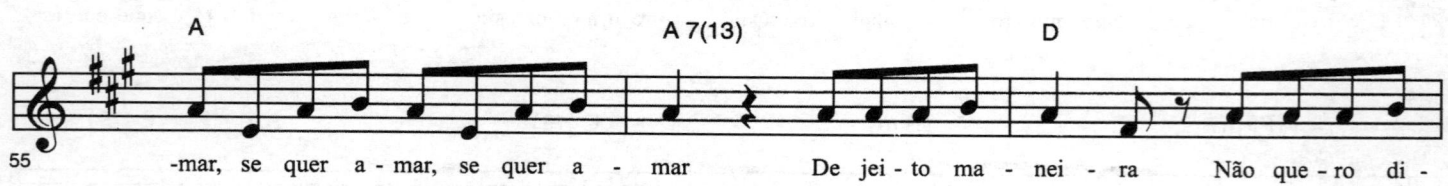

O descobridor dos sete mares

MICHAEL SULIVAN e
GILSON MENDONÇA

Chords: Gm7, C7(9), F6, Dm7, G7(♭13), G7, Cm7, F7

Introdução (2Xs): **Gm7 C7(9) F6**

Gm7 **C7(9)**
Uma luz azul me guia
F6 **Gm7** **C7(9) F6**
Com a firmeza e os lampejos do farol
Gm7 **C7(9)**
E os recifes lá de cima
F6 **Gm7** **C7(9) F6**
Me avisam dos perigos de chegar
Gm7 **C7(9)**
Angra dos Reis e Ipanema
F6 **Gm7** **C7(9) F6**
Iracema, Itamaracá
Gm7 **C7(9)**
Porto Seguro, São Vicente
F6 **Gm7**
Braços abertos sempre a esperar

REFRÃO:
C7(9) **F6**
Pois bem, cheguei
G7(♭13) G7 **F6**
Quero ficar bem à vontade
F7 **Dm7**
Na verdade eu sou assim
G7(♭13) G7 **Cm7**
Descobridor dos sete mares
F7
Na verdade eu quero

No mar a luz azul me guia *(etc.)*
...Braços abertos sempre a esperar

Refrão

Instrumental (8Xs): **Gm7 C7(9) F6**

Gm7 **C7(9)**
Uma lua me ilumina
F6 **Gm7** **C7(9) F6**
Com a clareza e o brilho do cristal
Gm7 **C7(9)**
Transando as cores desta vida
F6 **Gm7** **C7(9) F6**
Vou colorindo a alegria de chegar
Gm7 **C7(9)**
Boa Viagem e Ubatuba
F6 **Gm7** **C7(9) F6**
Grumari, Leme e Guarujá
Gm7 **C7(9)**
Praia Vermelha e Ilha Bela
F6 **Gm7**
Braços abertos sempre a esperar

Refrão

Instrumental (19Xs): **Gm7 C7(9) F6**

O descobridor dos sete mares

MICHAEL SULIVAN e
GILSON MENDONÇA

Eu amo você

CASSIANO e ROCHAEL

E 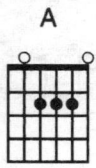 A  G#m 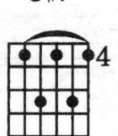 C#7 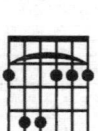 F#m  B7

    E   *A*
Toda vez que eu o_lho

    E   *A*
Toda vez que eu cha_mo

    E   *A*
Toda vez que eu pen_so

         G#m *A*   *G#m*
Em lhe dar   o meu amor

A   *G#m*
Meu coração

                     A
(Pensa que não vai ser possível)

            G#m
De lhe encontrar

                     A
(Pensa que não vai ser possível)

         G#m
De lhe amar

                     A
(Pensa que não vai ser possível)

            G#m *C#7*
Te conquistar

     F#m   *G#m*
Eu amo você, menina

     F#m *G#m*
Eu amo você

F#m   *G#m*
Eu amo você, menina

     F#m *G#m*
Eu amo você

Toda vez que eu olho *(etc.)*

Final fade out:

     F#m *B7* *E* *A* *E* *A*
Eu amo você

Chocolate

TIM MAIA

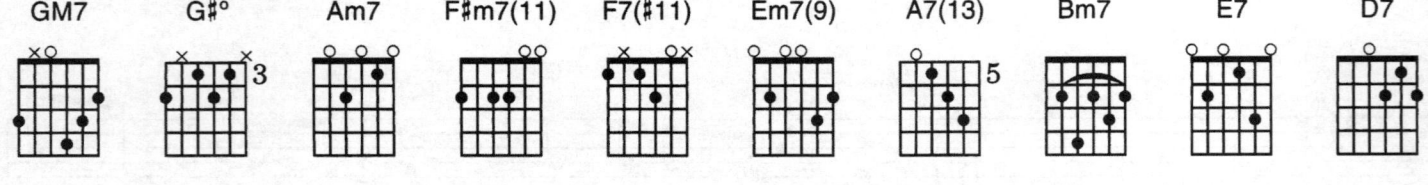

REFRÃO (2Xs):

GM7
  Chocolate
G#°
  Chocolate
Am7
  Chocolate
  F#m7   F7(#11)   Em7(9)
  Eu só quero chocolate
  A7(13)   Em7(9)
  Só quero chocolate
  A7(13)   Am7   Bm7   E7
  Não adianta vir com Guaraná pra mim
         Am7   D7
  É chocolate o que eu quero beber

GM7
  Não quero chá
G#°
  Não quero café
Am7   F#m7(11)   F7(#11)   Em7(9)
  Não quero Coca-Cola, me liguei no chocolate
A7(13)   Em7(9)
  Só quero chocolate
A7(13)   Am7   Bm7   E7
  Não adianta vir com Guaraná pra mim
         Am7   D7
  É chocolate o que eu quero beber

GM7
  Chocolate
G#°
  Chocolate
Am7
  Chocolate

Instrumental: **F#m7(11)   F7(#11)   Em7(9)   A7(13)**
Em7(9)   A7(13)   Am7   Bm7   E7   Am7   D7   GM7
G#°   Am7   F#m7(11)   F7(#11)   Em7(9)   A7(13)
Em7(9)   A7(13)   Am7   Bm7   E7   Am7   D7

Refrão (2Xs)

  Não quero chá *(etc.)*
  ...É chocolate o que eu quero beber

GM7
  Chocolate
G#°
  Chocolate
Am7
  Chocolate

Falado:
      F#m7(11)   F7(#11)
  O Senhor aceita um cafezinho?
      Em7(9)   A7(13)
  Não! Eu quero é chocolate!

Instrumental: **Em7(9)   A7(13)**

Refrão

  Não quero chá *(etc.)*   *(fade out)*

Cristina

CARLOS IMPERIAL e
TIM MAIA

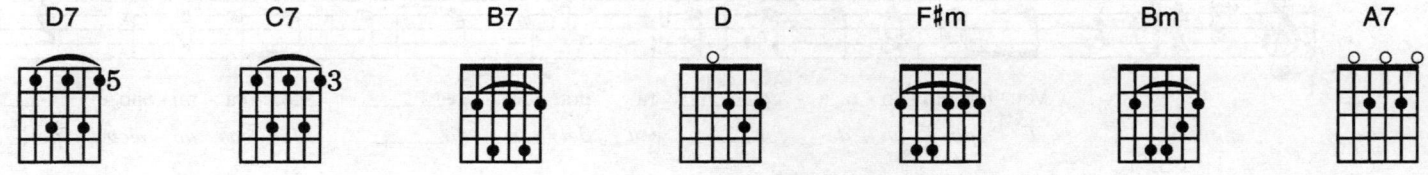

    D7   **C7**
Vou me embora ago__ra pra longe
    D7   **C7**
Meu caminho é i__da sem volta
    D7   **C7**
Uma estrela ami__ga me guia
    D7   **C7**
Minha asa pre__sa se solta

    B7
Eu vou ver Cristina

Vou ver Cristina

Vou ver Cristina

Vou ver Cristina

    D7   **C7**
E por onde for   vou deixando
    D7   **C7**
Marcas no meu pei__to sangrando
    D7   **C7**
Vou cobrir as flo__res da estrada
    D7   **C7**
De um vermelho amor   madrugada

    B7
Eu vou ver Cristina

Vou ver Cristina

Vou ver Cristina

Instrumental: **D F#m Bm A7**

Final fade out:

    D7   **C7**
Preciso ver Cristina
           D7 **C7**
Minha meni__na

Cristina

CARLOS IMPERIAL e TIM MAIA

Copyright © 1970 by EDIÇÕES MUSICAIS SAMBA LTDA.
Todos os direitos autorais reservados para todos os países. *All rights reserved.*

Você

TIM MAIA

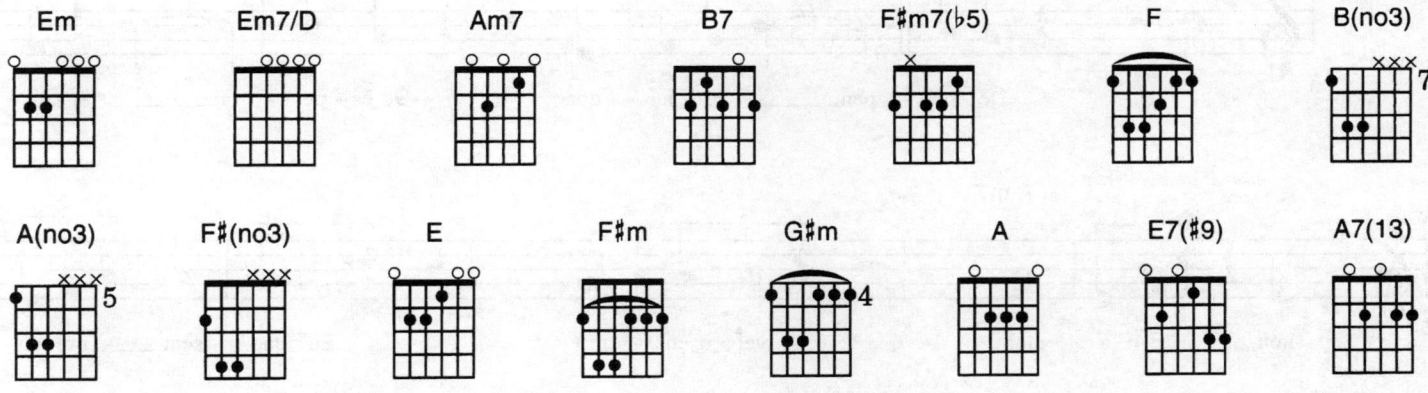

<pre>
  Em
De repente a dor
  Em7/D
De esperar terminou
  Am7
E o amor veio enfim

Eu que sempre sonhei
  B7
Mas não acreditei
  Em   F#m7(b5) B7
Muito em mim

  Em
Vi o tempo passar
  Em7/D
O inverno chegar
  Am
Outra vez

Mas desta vez

Todo o pranto sumiu
  F
Como encanto surgiu
  B(no3)
Meu amor
</pre>

<pre>
Instrumental: A(no3) F#(no3)
              A(no3) B(no3) A(no3) F#(no3)
              A(no3) B(no3)

REFRÃO:
      E   F#m
  Você é mais do que sei
                 G#m
  É mais que pensei
                 F#m   B7
  É mais que espera__va, ba_by
      E   F#m
  Você é algo assim
               G#m
  É tudo pra mim
                  F#m   B7
  É como eu sonha__va, ba_by

    E   A
  Sou feliz   agora
    E   A   G#m
  Não, não vá embora, não
  F#m   G#m
  Não, não, não, não, não
                F#m B7
  Não, não, não
</pre>

<pre>
Instrumental: E7(#9) A7(13)
              E7(#9) A7(13)

Refrão

  Sou feliz agora (etc.)
  ...Não, não, não

  E7(#9)   A7(13)   E7(#9)
     Não, não vá embora
  A7(13)   E7(#9)
  Não, não vá embora
                     A7(13) E7(#9)
  Não, não vá embora
                     A7(13) E7(#9)
  Não, não vá embora

                      A7(13)
  Vou morrer de saudade
                     E7(#9)
  Vou morrer de saudade
                      A7(13)
  Vou morrer de saudade
                     E7(#9)
  Vou morrer de saudade

Instrumental fade out: A7(13) E7(#9)
</pre>

Você

TIM MAIA

Salve Nossa Senhora

EDUARDO ARAÚJO e
CARLOS IMPERIAL

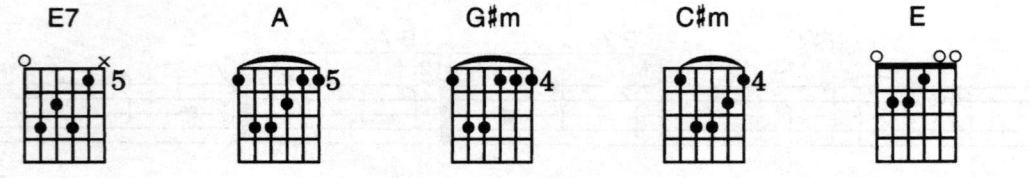

Introdução: **E7**

REFRÃO:

BIS {
E7
Salve Nossa Senhora

Salve Nosso Senhor do Bonfim

Atendeu minha promessa

E trouxe Rosinha pra mim
}

    A   **G#m**
Os an_jos dizem amém
    C#m   **A**
Eu can__to e rezo também
  E **D**
Hey, hey

Refrão

    A   **G#m**
É pro_cissão, romari__a
    C#m   **A**
É sol   no céu da Bahi_a
  E **D**
Hey, hey

Improviso de voz e fade out: **E7**

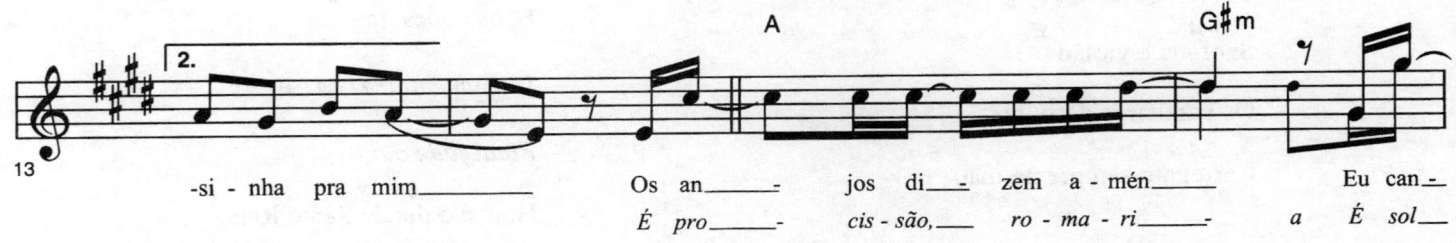
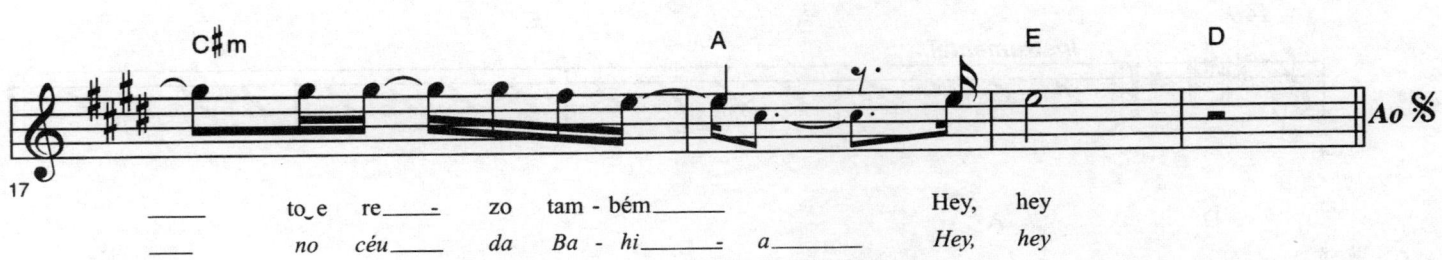

A festa do Santo Reis

MÁRCIO LEONARDO

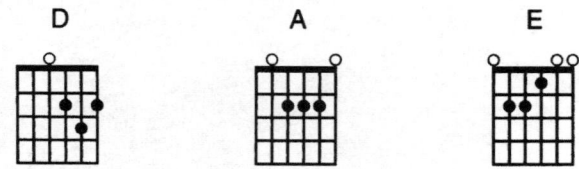

Intodução: **D A E D A E**

   D   A   E
Hoje é o dia de Santo Reis
             D
Anda meio esqueci_do
     A   E
Mas é o dia da festa de Santo Reis
   D   A   E
Hoje é o dia de Santo Reis
            D
Anda meio esquecido
     A   E
Mas é o dia da festa de Santo Reis

               D
Eles chegam tocan_do
 A   E
Sanfona e violão
             D
Os pandeiros de fi_ta
 A   E
Carregam sempre na mão

            D
Eles vão levan_do
 A   E
Levando o que po_de
           D
Se deixar com e_les
  A   E
Eles levam até os bo_des
           D A
É, os bodes da gen_te
        E
É, os bodes, mé
           D A
É, os bodes da gen_te
        E
É, os bodes, mé

Instrumental: **D A E**

Final fade out:
   D   A   E
Hoje é o dia de Santo Reis

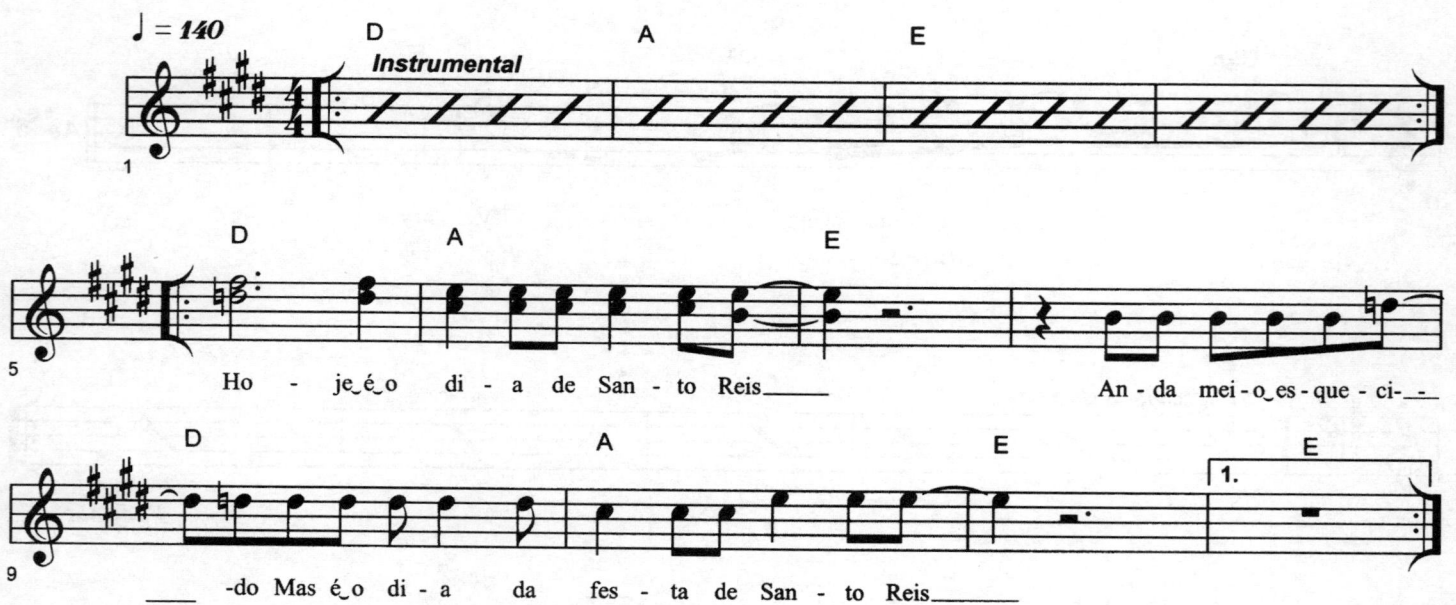

Copyright © 1971 by WARNER CHAPPELL EDIÇÕES MUSICAIS LTDA.
Todos os direitos autorais reservados para todos os países. *All rights reserved.*

Primavera

(Vai chuva)

CASSIANO e
SÍLVIO ROCHAEL

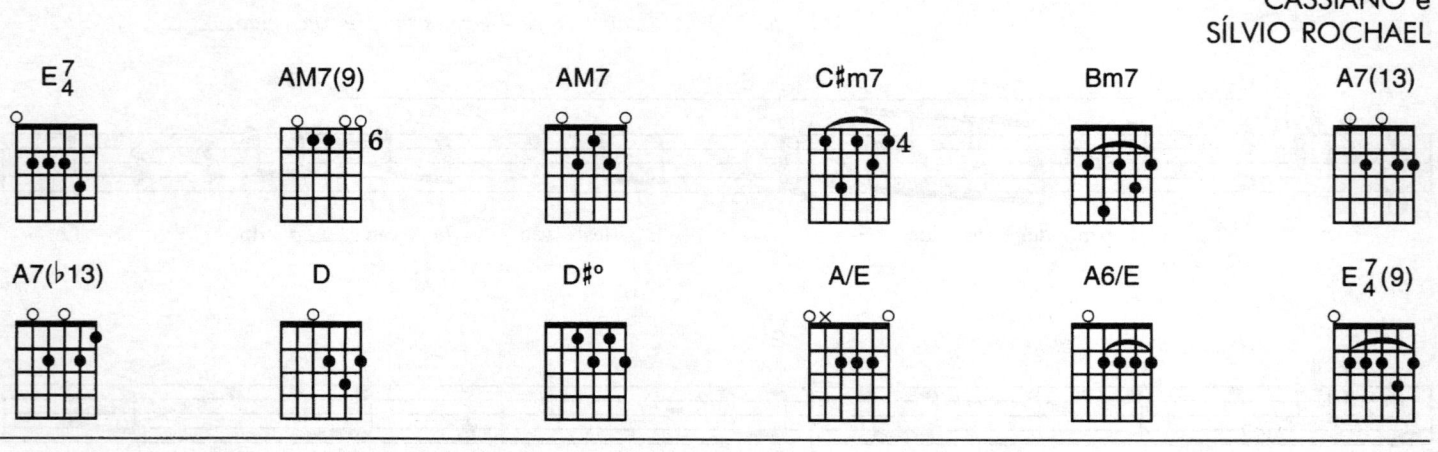

Introdução: E7 4   AM7(9)   E7 4   AM7(9)

    AM7   C#m7
Quando o inverno chegar
   Bm7   E7 4
Eu quero estar junto a ti
   AM7   C#m7
Pode o outono voltar
   Bm7   E7 4   A7(13)
E eu quero estar junto a ti

   A7(b13)   D   D#°
Porque (é primave_ra)
   A/E   D#°
Te amo (é primave_ra)
   A6/E
Te amo (é primavera)
   E7 4(9)
Meu amor

3 vezes:
           C#m7
Trago esta rosa
   Bm7   E7 4(9)
(Para te dar)

      AM7(9)
Meu amor
                  E7 4(9)
(Hoje o céu está tão lindo)
      AM7(9)
(Vai chuva)

Repete ad libitum e fade out:
                E7 4(9)
Hoje o céu está tão lindo
      AM7(9)
(Vai chuva)

Copyright © 1969 by WARNER CHAPPELL EDIÇÕES MUSICAIS LTDA.
Todos os direitos autorais reservados para todos os países. *All rights reserved.*

= 78
AM7
Voz
C#m7
Bm7
Quan - do_o in - ver - no che - gar
Eu que - ro_es -
Po - de_o ou - to - no vol - tar
E_eu que - ro_es -
E 7/4
A7(13)
A7(b13)
D
1.
2.
-tar jun - to_a ti
Por- que
-tar jun - to_a ti
Coro
D# º
A/E
D# º
Te a - mo
(é pri - ma - ve - ra)
(É pri - ma - ve-
A6/E
E 7/4(9)
Te a - mo
Meu - a mor
-ra)
É - pri - ma ve...
3X
E 7/4(9)
C#m7
Bm7
E 7/4(9)
E 7/4(9)
AM7(9)
Tra - go_es - ta - ro sa
Meu a - mor
Uh!
(Pa - ra te dar)
(Ho - je_o céu es - tá tão
lin - do)
(Vai chu - va)
Ho - je_o céu es - tá tão lin - do
Ho - je_o céu es - tá tão - lin do
(Vai chu-va)
É pri - ma - ve - ra
Uh!
Vai
Fade out

Canário do Reino

CARVALHO e
ZAPATTA

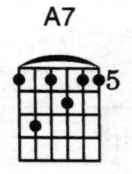

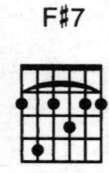

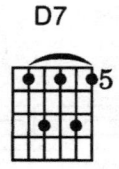

E7   A7   F#7   D7   B7

Introdução: **E7 A7 E7 A7 E7 A7**

E7   F#7   E7
Não precisa de dinheiro pra se ouvir meu canto
                D7
Eu sou canário de rei_no e canto em qualquer lugar
E7   F#7   E7
Não precisa de dinheiro pra se ouvir meu canto
                D7
Eu sou canário de rei_no e canto em qualquer lugar

Duas vezes:
E7   A7   E7
Em qualquer rua de qualquer cida_de
            A7
Em qualquer praça de qualquer país
E7   A7   E7
Levo o meu canto puro e verdadei_ro
                     F#7   B7
Eu quero que o mundo inteiro se sinta feliz

Não precisa de dinheiro pra se ouvir meu canto *(etc.)*

Repete e fade out:
E7   D7   E7
Daruê, daruá
                F#7   B7
Não precisa de dinheiro pra me ouvir cantar
E7   D7   E7
Daruê, daruá
                      F#7   B7
Eu sou canário do rei_no e canto em qualquer lugar

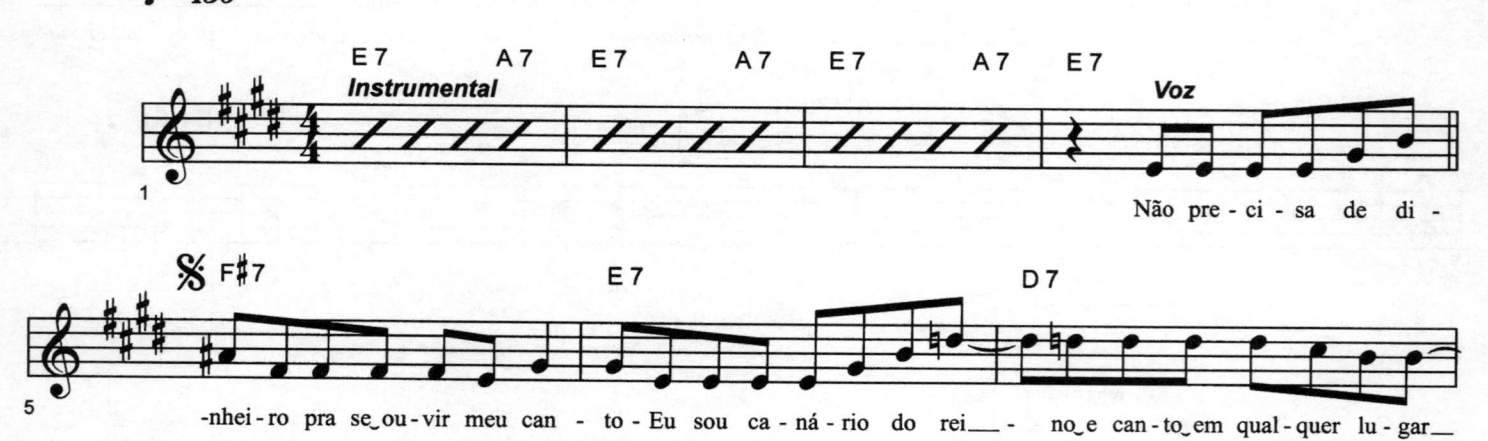

♩ = 130

Copyright © 1972 by MUSICLAVE EDITORA MUSICAL LTDA.
Todos os direitos autorais reservados para todos os países. *All rights reserved.*

Não precisa de dinheiro pra se ouvir meu canto Eu sou canário do rei-no e canto em qualquer lugar_ Em qualquer rua de qualquer cidade Em qualquer praça de qualquer país_ Levo o meu canto puro e verdadeiro Eu quero que o mundo inteiro se sinta feliz_ Em qualquer -teiro se sinta feliz Não precisa de di-nheiro pra me ouvir cantar_ Daruê, daruá Sou canário do rei-no e canto em qualquer lugar_ Daru-

Fade out

Azul da cor do mar

TIM MAIA

AM7 Bm7 C#m7 E7/4(9) AM7(6) D E

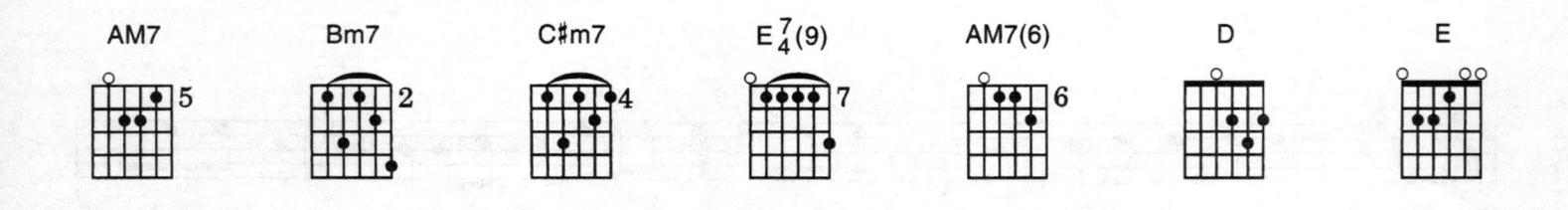

AM7 Bm7   C#m7
Ah!   Se o mundo inteiro me pudesse ouvir
      Bm7
Tenho muito pra contar
E7 4(9)   AM7(6) E7 4(9)
Dizer que aprendi
   AM7 Bm7   C#m7
Que   na vida a gente tem que entender
       Bm7
Que um nasce pra sofrer
E7 4(9)   AM7(6) AM7
Enquanto o outro ri

Duas vezes:
Instrumental: **Bm7 C#m7 Bm7 D E E7 4(9)**

AM7 Bm7   C#m7
Mas   quem sofre sempre tem que procurar
      Bm7
Pelo menos vir a achar
E7 4(9)   AM7(6) E7 4(9)
Razão para viver
   AM7 Bm7   C#m7
Ter   na vida algum motivo pra sonhar
       Bm7
Ter um sonho todo azul
E7 4(9)   AM7(6) E7 4(9)
Azul da cor do mar

Instrumental fade out: **AM7 Bm7 C#m7 Bm7**
E7 4(9) AM7(96) E7 4(9)

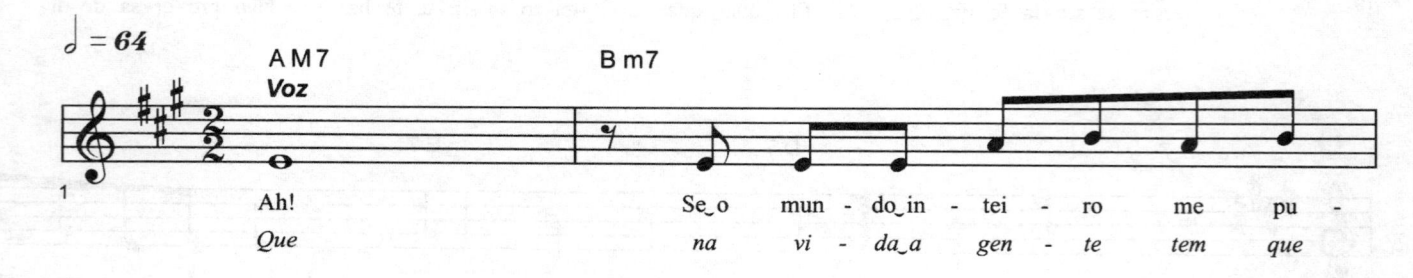

Copyright © by WARNER CHAPPELL EDIÇÕES MUSICAIS LTDA.
Todos os direitos autorais reservados para todos os países. *All rights reserved.*

Mas quem sofre sempre tem que procurar
Ter na vida algum motivo pra sonhar

Pelo menos vir a achar Razão para viver
Ter um sonho todo azul Azul da cor do mar

(2ª vez) AM7

Ao 𝄋 c/ rep.
improv. vocal

Réu confesso

TIM MAIA

Introdução: **CM7 Bm7 Am7 G**
FM7 Em7 Dm7 G7

CM7　　　　　**Bm7**
Venho lhe dizer
　　Am7　**G**
Se algo andou er_rado
　FM7　**Em7**
Eu fui o culpa__do
　Dm7　　**G7**
Rogo o seu perdão
CM7　　　　　**Bm7**
Venho lhe seguir
　　Am7　**G**
Vim pedir descul_pas
　FM7　**Em7**
Foi por minha cul__pa
　Dm7　**G7**
A separação

Instrumental: **CM7(9)　C7(9)**
FM7　Em7　Dm7　G7

CM7　　　　　**Bm7**
Devo admitir
　　Am7　　**G**
Que sou réu confes_so
　FM7　　**Em7**
E por isso eu pe__ço
　Dm7　**G7**
Peço pra voltar
CM7　　　　　**Bm7**
Longe de você
　　Am7　**G**
Já não sou mais na_da
　FM7　**Em7**
Veja é uma para__da
　Dm7　**G7**
Viver sem te ver

Instrumental: **CM7(9)　C7(9)**
FM7　Em7　Dm7　G7

CM7　　　　　**Bm7**
Longe de você
　　Am7　**G**
Já não sou mais na_da

　FM7　**Em7**
Veja é uma para__da
　Dm7　**G7**
Viver sem te ver
CM7　　　　　**Bm7**
Perto de você
　　Am7　**G**
Eu consigo tu_do
　FM7　**Em7**
Eu já penso tu__do
　Dm7　**G7**
Peço pra voltar

Instrumental: **CM7 Bm7 Am7 G**
FM7　Em7　Dm7　G7 (2Xs)
CM7(9)　C7(9)　FM7　Em7　Dm7　G7

CM7　　　　　**Bm7**
Devo admitir
　　Am7　　**G**
Que sou réu confes_so
　FM7　　**Em7**
E por isso eu pe__ço
　Dm7　**G7**
Peço pra voltar

Instrumental: **CM7(9)　C7(9)　FM7**
Em7　Dm7　G7

CM7　　　　　**Bm7**
Longe de você
　　Am7　**G**
Já não sou mais na_da
　FM7　**Em7**
Veja é uma para__da
　Dm7　**G7**
Viver sem te ver
CM7　　　　　**Bm7**
Perto de você
　　Am7　**G**
Eu consigo tu_do
　FM7　**Em7**
Eu já penso tu__do
　Dm7　**G7**
Peço pra voltar

Instrumental fade out: **CM7　Bm7**
Am7　G　FM7　Em7　Dm7　G7

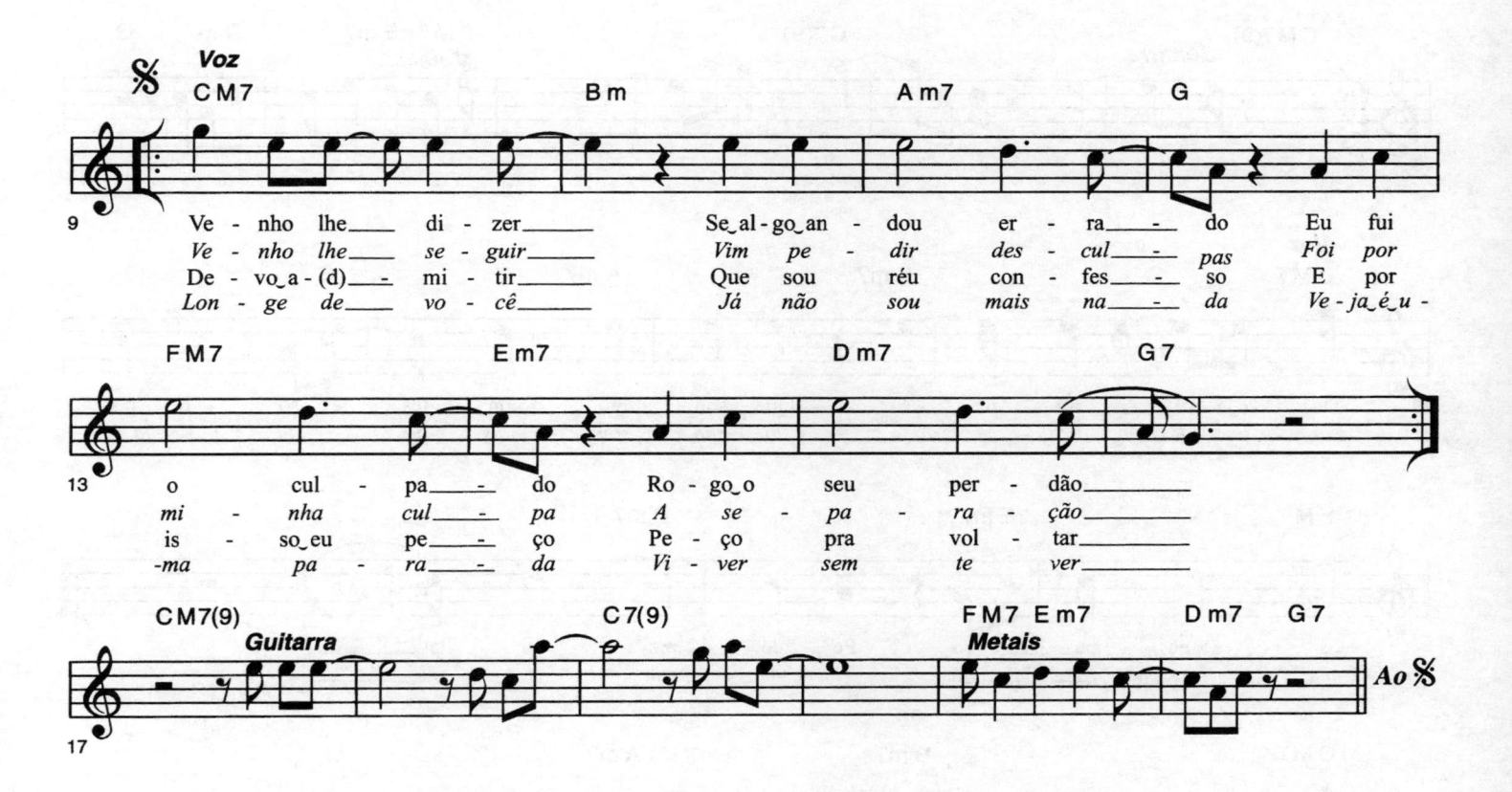

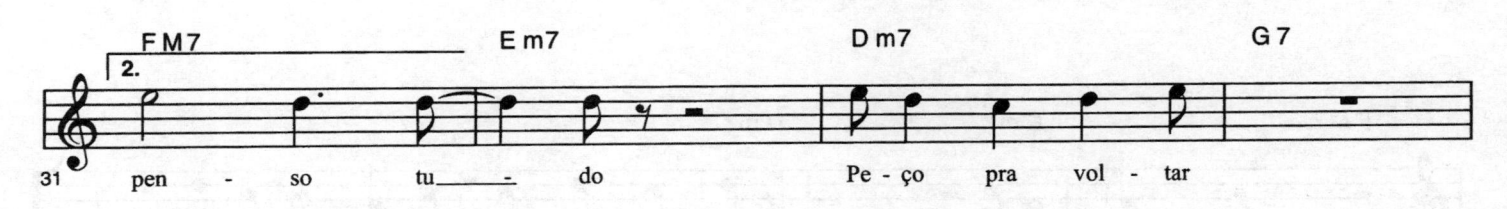

♩ = 86

| CM7 | Bm7 | Am7 | G | FM7 | Em7 | Dm7 | G7 |

Instrumental

Voz

CM7 — Bm — Am7 — G

Ve - nho lhe __ di - zer __ Se al - go an - dou er - ra __ do Eu fui
Ve - nho lhe __ se - guir __ Vim pe - dir des - cul __ pas Foi por
De - vo a-(d) __ mi - tir Que sou réu con - fes __ so E por
Lon - ge de __ vo - cê __ Já não sou mais na __ da Ve - ja é u -

FM7 — Em7 — Dm7 — G7

o cul - pa __ do Ro - go o seu per - dão __
mi - nha cul __ pa A se - pa - ra - ção __
is - so eu pe __ ço Pe - ço pra vol - tar __
-ma pa - ra __ da Vi - ver sem te ver __

CM7(9) — C7(9) — FM7 Em7 — Dm7 G7

Guitarra ... *Metais* ... Ao 𝄋

Voz

CM7 — Bm7 — Am7 — G

Lon - ge de __ vo - cê __ Já não sou mais na __ da Ve - ja é u -
Per - to de __ vo - cê __ Eu con - si - go tu __ do Eu já

FM7 — Em7 — Dm7 — G7

1.
-ma pa - ra __ da Vi - ver sem te ver __

FM7 — Em7 — Dm7 — G7

2.
pen - so tu __ do Pe - ço pra vol - tar

Copyright © 1974 by IRMÃOS VITALE S/A Ind. e Com. - São Paulo - Brasil.
Todos os direitos autorais reservados para todos os países. *All rights reserved.*

Lyrics

De vo_a-(d) mitir Que sou réu confes_so E por isso_eu pe_ço Peço pra voltar
Perto de_ vo - cê Eu con - si - go tu_ - do Eu já penso tu_ - do Peço pra voltar

Lon - ge de_ vo - cê Já não sou mais na_ da Ve - ja_é_u -ma pa - ra - da Viver sem te ver

Rep. ad libitum c/ improviso de voz

Fade out

Coroné Antônio Bento

LUIZ WANDERLEY e
JOÃO DO VALE

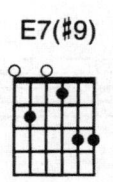

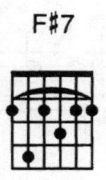

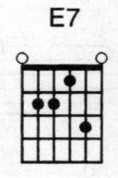

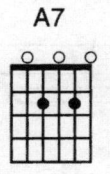

E7(#9)   F#7   E7   A7   B7

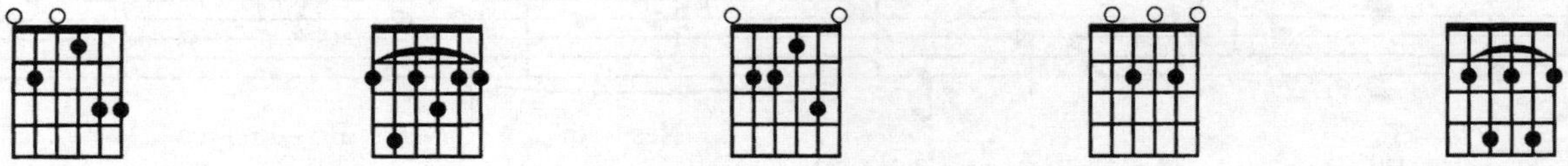

Introdução: E7(#9)

BIS {
E7(#9)
Coroné Antônio Bento

No dia do casamento

Da sua filha Juliana

Ele não quis sanfoneiro

Foi pro Rio de Janeiro

Convidou Bené Nunes pra tocar

(Ôlê lê, ôlá lá)

Neste dia Bodocó

F#7   E7(#9)
Faltou pouco pra virar
}

E7
Todo mundo que mora por ali

Nesse dia não pôde "arresistí"

Quando via o toque do piano

Rebolava, saía requebrando

E7
Até Zé Macaxeira que era o noivo

Dançou a noite inteira sem parar

           A7
Que é costume de todos que se ca_sa(m)

B7   **E7(#9)**
Fica doido pra festa se acabar

Coroné Antônio Bento *(etc.)*

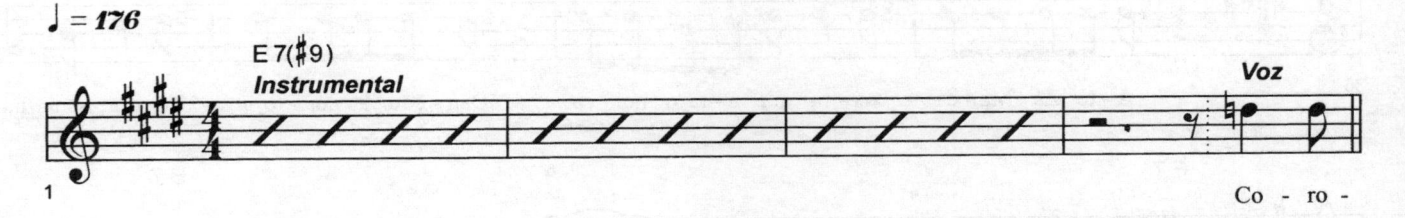

♩ = 176

Coroné Antônio Bento - No dia do casamento - Da sua filha Juliana - Ele não quis sanfonei-

Copyright © 1959 by EDITORA IMPORT. MUSICAL FERMATA DO BRASIL.
Todos os direitos autorais reservados para todos os países. *All rights reserved.*

E7(#9)
-ro Foi pro Rio de Janeiro Convidou Bené Nunes pra tocar

Coro (Ô, lê, lê ô, lá, lá) *Voz* Neste dia Bodocó Faltou

F#7 ... **E7(#9)** *Órgão* ... **E7(#9)** *1.*
pouco pra virar___ Co - ro -

E7 *2.*
Todo mundo que mora por ali **E7** Nesse dia não pôde "ar-re-sis-ti"

A7
Quando via o toque do piano Rebolava saía requebrando

E7 ... **E7**
Até Zé Macaxeira que era o noivo Dançou a noite inteira sem parar

E7 ... **A7** ... **B7**
Que é costume de todos que se casa(m) Fica doido pra festa se acabar

E7(#9) *Órgão* ... *Voz*
Co - ro - Ao 𝄋 e 𝄌

E7(#9) ... **E7(#9)** *Instrumental*
-rar___ Virar___

Fade out

Como uma onda

(Zen surfismo)

NELSON MOTTA e
LULU SANTOS

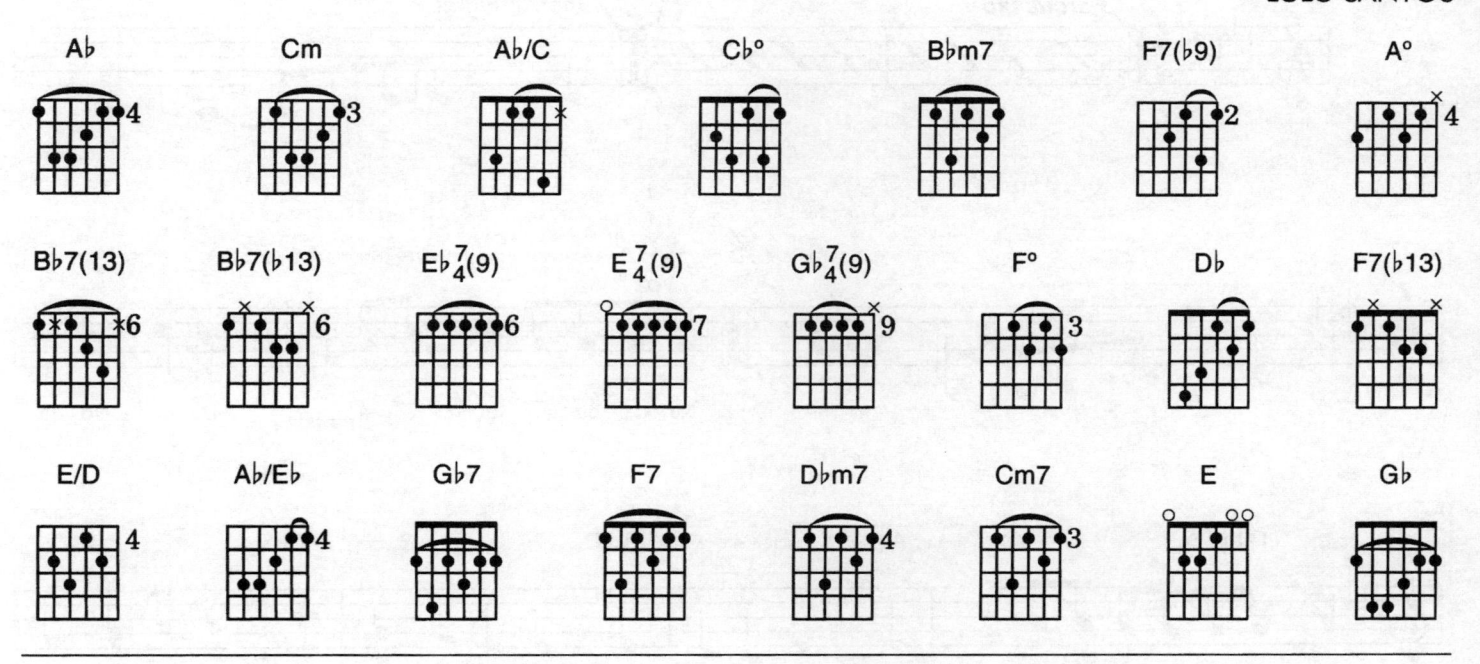

Ab
Nada do que foi será

   Cm   **Ab**
De novo do jeito que já foi um dia

  Ab/C **Cb°**   **Bbm7**
Tudo passa, tudo sempre passará

F7(b9) **Bbm7** **F7(b9)** **Bbm7** **A°**
 A vida vem em ondas como o mar

Bb7(13)   **Bb7(b13)** **Eb7 4(9)** **E7 4(9)** **Gb7 4(9)**
Num indo e vin__do infini__to

Ab
Tudo o que se vê não é

   Cm   **Ab**
Igual ao que a gente viu há um segundo

  Ab/C   **F°** **Db** **F7(b13)**
Tudo muda o tempo todo no mundo

E/D
Não adianta fugir

    Ab/Eb **Gb7** **F7** **Bbm7**
Nem mentir   pra si mes__mo a_gora, não

Dbm7   **Cm7**
Há tanta vida lá fora

    Gb7 **F7** **Bbm7**
Aqui den_tro, sem_pre

   E   **Gb** **Ab**
Como uma onda no mar

   E   **Gb** **Ab**
Como uma onda no mar

   E   **Gb**   **Ab** **E** **Gb**
Como uma onda no mar

Nada do que foi será *(etc.)*

47

Como uma onda
(Zen surfismo)

NELSON MOTTA e
LULU SANTOS

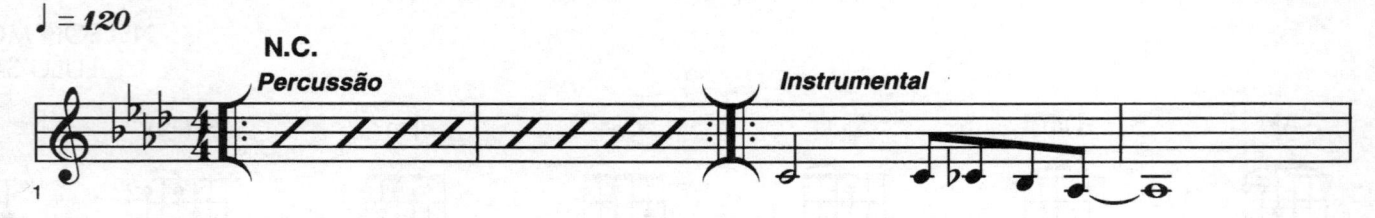

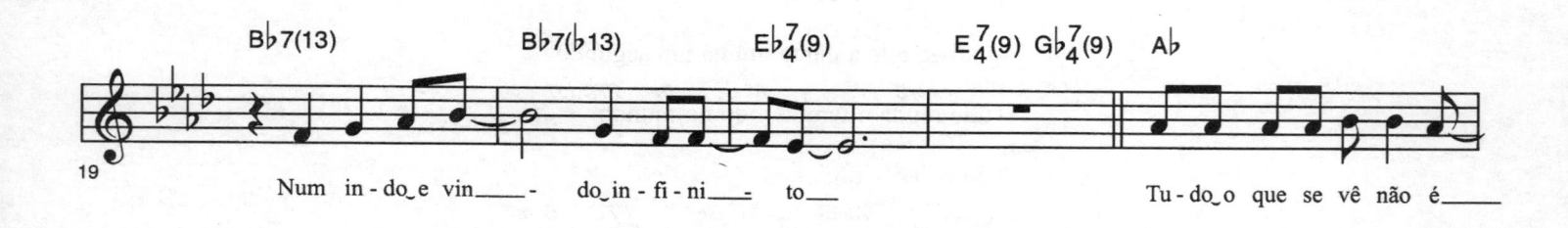

♩ = 120

Percussão — Instrumental

Voz — Ab

Na - da do que foi se - rá___ De no - vo do jei - to que já foi um di - a___ Tu - do pas - sa, tu - do sem - pre pas - sa- -rá A vi - da vem em on - das___ co - mo_o mar___ Num in - do_e vin___ - do_in - fi - ni - to___ Tu - do_o que se vê não é___ I - gual ao que_a gen - te viu há um se - gun - do___ Tu - do mu - da_o tem - po

Copyright © 1983 by WARNER CHAPPELL EDIÇÕES MUSICAIS LTDA.
Todos os direitos autorais reservados para todos os países. *All rights reserved.*

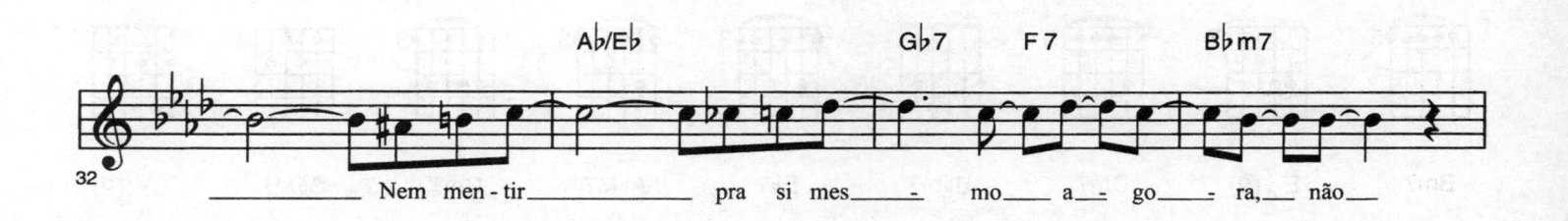

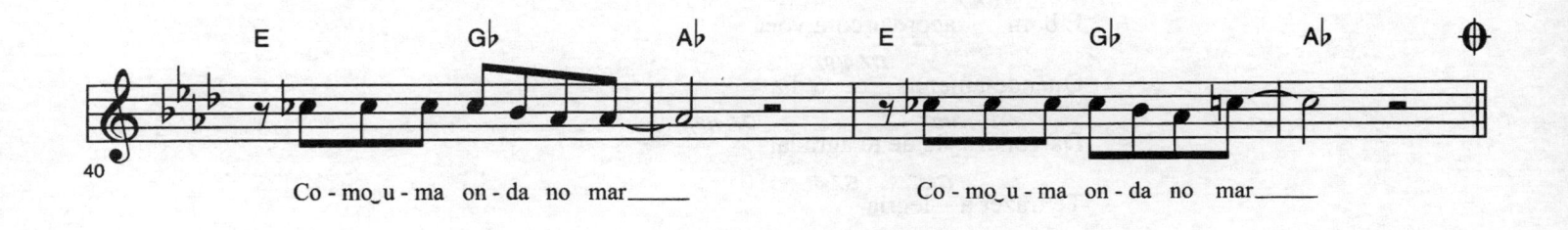

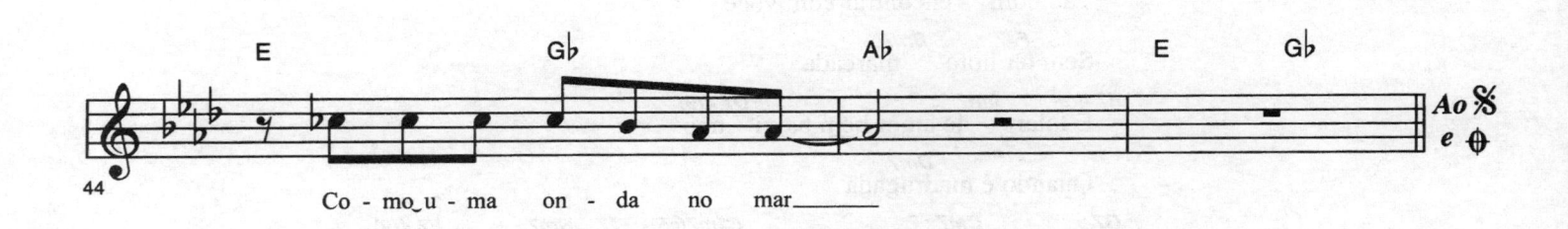

todo No mun———do Não a-di-an-ta fu-gir———
———— Nem men-tir——— pra si mes—-mo a—go—ra,— não—
Há tan-ta vi-da lá fo-ra——— A-qui den——tro,— sem—pre—
Co - mo_u - ma on-da no mar——— Co - mo_u - ma on-da no mar———
Co - mo_u - ma on-da no mar———
Ao 𝄋
e 𝄌
Co - mo_u - ma on-da no mar——— Co - mo_u - ma on-da no mar———

Fade out

Leva

MICHAEL SULIVAN e
PAULO MASSADAS

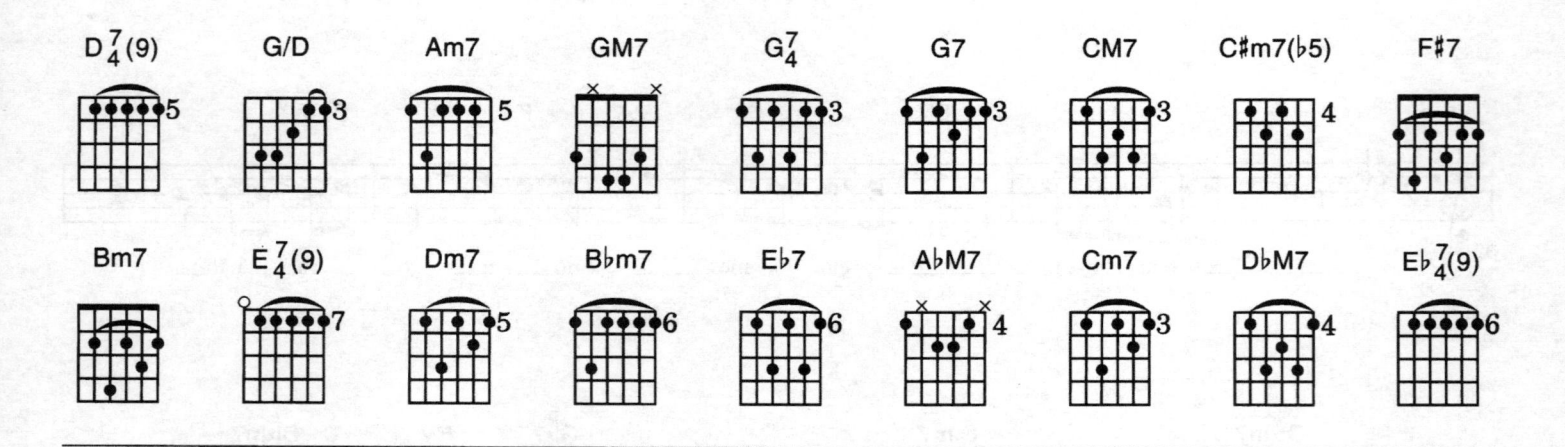

Introdução: D7 4(9) G/D D7 4(9) Am7 D7 4(9)

       GM7   D7 4(9)
Foi bom   eu ficar com você o ano inteiro
       Am7   D7 4(9)   GM7   D7 4(9)
Pode crer, foi legal te encontrar,   foi amor ver__dadeiro
    GM7
É bom   acordar com você
           D7 4(9)
Quando amanhe__ce o dia
      Am7   D7 4(9)
Dá vonta__de de te agradar
     GM7   G7 4
Te trazer a__legria

G7   CM7   C#7m(b5)
Tão bom   encontrar com você
   F#7   Bm7
Sem ter hora   marcada
E7 4(9) Am7   D7 4(9)
E falar   de amor bem baixi__nho
     Dm7
Quando é madrugada
G7   CM7   C#m7(b5) F#7 Bm7   E7 4(9)
Tão bom   é poder despertar   em   você fantasias
     Am7   D7 4(9)
Te envolver, te acender, te ligar
    GM7   D7 4(9)
Te fazer   companhia

Duas vezes:
   GM7
Le__va
      Am7   Bm7
O meu som   contigo, le__va
    CM7 Bm7 Am7
E me traz   a tu__a fes__ta
  D7 4(9)   GM7 D7 4(9)
Quero ver   você feliz

```
     GM7                                D7 4(9)
É bom   quando estou com você numa turma de amigos
          Am7         D7 4(9)          GM7
E depois   da canção você fi__ca escutando o  que eu digo
D7 4(9)    GM7
No car__ro, na rua, no bar
            D7 4(9)
Estou sempre   contigo
         Am7           D7 4(9)
Toda vez  que você precisar
          GM7      G7 4
Você tem   um amigo


G7     CM7                 C#m7(b5)
   Estou   pro que der e vier
       F#7       Bm7     E7 4(9)
   Conte sempre  comigo
             Am7                D7 4(9)
   Pela estra__da buscando emoções
              Dm7     G7
   Despertando os sentidos
             CM7              C#m7(b5)
   Com você   primavera ou verão
F#7        Bm7          E7 4(9)
   No outono ou  no inverno
            Am7              D7 4(9)
   Nosso ca__so de amor tem sabor
            GM7        D7 4(9)
   De um so__nho eterno
```

Duas vezes:

```
        GM7
    Le__va,
            Am7       Bm7
    O meu som   contigo, le__va
            CM7    Bm7    Am7
    E me traz  a tu__a fes__ta
            D7 4(9)      GM7  D7 4(9)
    Quero ver   você feliz
```
2ª vez:
```
            D7 4(9)    GM7  Bbm7
    Quero ver   você feliz
```

Fade out:
```
Eb7    AbM7
    Le__va,
            Bbm7      Cm7
    O meu som   contigo, le__va
            DbM7   Cm7    Bbm7
    E me traz  a tu__a fes__ta
            Eb7 4(9)      AbM7  Eb7 4(9)
    Quero ver   você feliz
```

Leva

MICHAEL SULIVAN e
PAULO MASSADAS

♩ = 65

Foi bom___

___ eu fi-car___ com vo-cê___ o a-no in-tei - ro___ Po-de crer,___
___ quan-do_es-tou___ com vo-cê___ nu-ma tur-ma de_a-mi - gos___ E de-pois

___ foi le-gal te_en-con-trar___ foi a-mor ver - da dei - ro___ É bom___
___ da can-ção___ vo-cê fi - ca_es-cu-tan-do_o___ que_eu di - go___ No car-

___ a-cor-dar___ com vo-cê___ Quan-do_a-ma-nhe - ce_o di - a___ Dá von-ta -
___ -ro, na ru - a, no bar___ Es - tou sem - pre con-ti - go___ To-da vez

___ -de de te_a-gra-dar Te tra-zer a - le-gri - a Tão bom___ en-con-trar___ com vo-cê Sem ter ho - ra___
___ que vo-cê___ pre-ci-sar Vo-cê tem um a-mi - go Es - tou pro que der___ e vi-er___ Con-te sem-pre

___ mar-ca - da E fa-lar___ de a-mor___ bem bai-xi - nho Quando_é ma - dru-ga - ga___ Tão bom___
___ co-mi - go Pe-la_es-tra - da bus-can - do_e-mo-ções Des-per-tan-do_os sen - ti - dos___ Com vo-cê

Copyright © 1994 by SONY MUSIC EDIÇÕES MUSICAIS LTDA.
Copyright © 1984 by EDIÇÕES MUSICAIS TAPAJÓS LTDA.
Todos os direitos autorais reservados para todos os países. *All rights reserved.*

| CM7 | C#m7(b5) F#7 | Bm7 | E7/4(9) |

17 __ é po-der des-per-tar__ em vo-cê fan__ - ta-si__ - as__ Te_en-vol-ver,__
__ pri-ma-ve_- ra ou ve-rão No ou-to-no ou no_in-ver__ no Nos-so ca-

| Am7 | D7/4(9) | GM7 | D7/4(9) GM7 | Am7 |

19 __te_a-cen-der,__ te li-gar Te fa-zer__ com-pa-nhi_-a__ Le__-va O meu som__con-ti_-go, le-
__-so de_a-mor__ tem sa-bor De um so__- nho e - ter__-no

| Bm7 | CM7 Bm7 Am7 | D7/4(9) | GM7 D7/4(9) | GM7 | Am7 |

22 __-va E me traz__ a tu_- a fes__- ta Que-ro ver__vo-cê__fe-liz Le__- va O meu som__con-ti_- go, le-

| Bm7 | CM7 Bm7 Am7 | D7/4(9) | GM7 D7/4(9) |

26 __-va E me traz__ a tu_- a fes__- ta Que-ro ver__ vo-cê__ fe-liz__ É bom

Ao %
e

| GM7 | Bbm7 Eb7 | AbM7 | Bbm7 |

29 Le-_____-va O meu som__ con_-ti__- go le-

| Cm7 | DbM7 Cm7 | Bbm7 | Eb7/4(9) |

31 __-va E me traz__ a tu_- a fes__-ta Que-ro ver__ vo-cê__ fe-liz__

| AbM7 | Eb7/4(9) | AbM7 | Bbm7 |

33 Le__- va O meu som__ con - ti__- go, le-

| Cm7 | DbM7 Cm7 | Bbm7 | Eb7/4(9) | AbM7 Eb7/4(9) |

35 __-va E me traz__ a tu_- a fes__- ta Que-ro ver__ vo-cê__ fe-liz__ Le-

Fade out

Um dia de domingo

MICHAEL SULIVAN e
PAULO MASSADAS

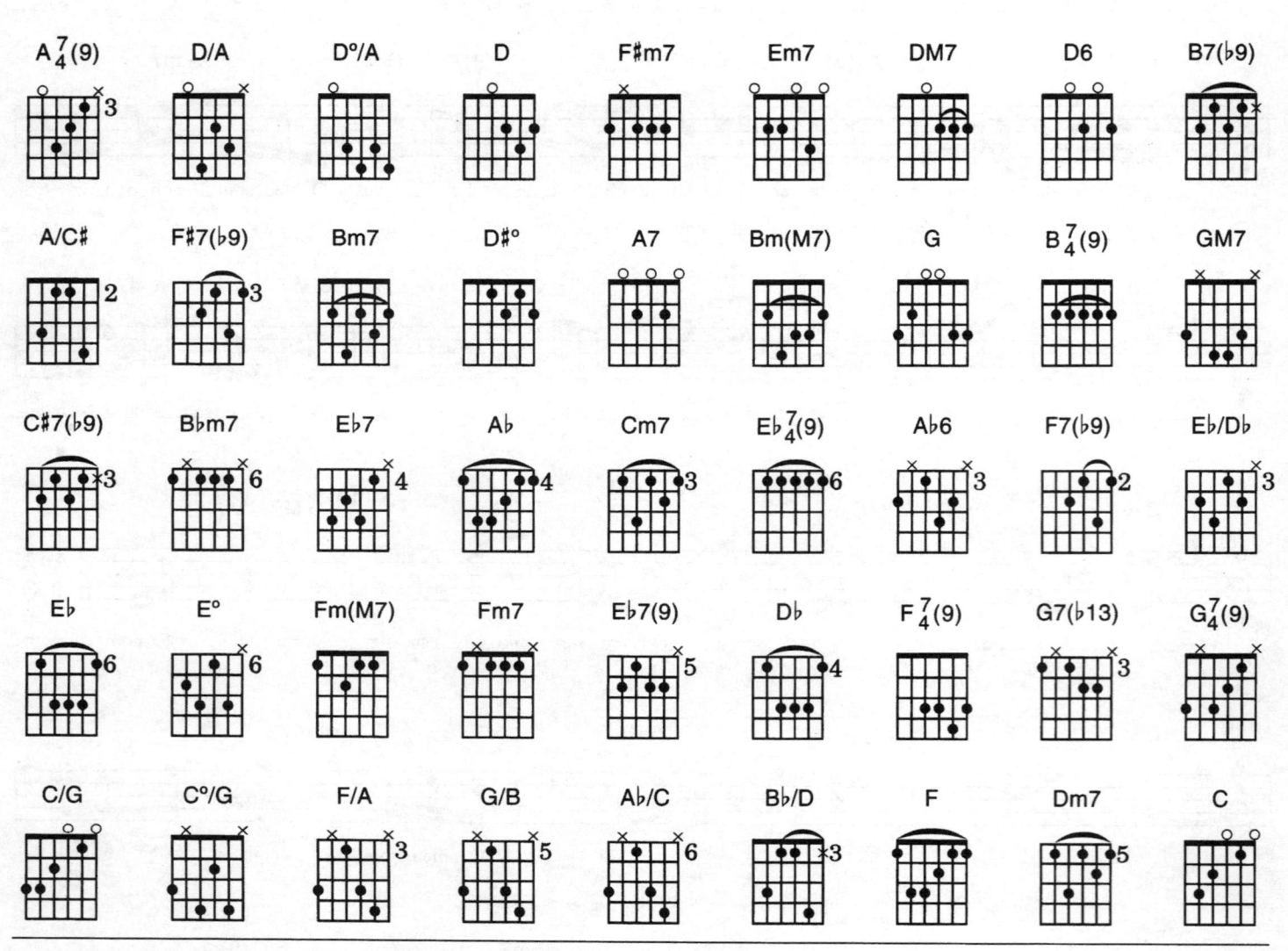

Introdução: A7 4(9) D/A D°/A A7 4(9) D/A D°/A A7 4(9)

Gal Costa:

D   F#m7
  Eu preciso te falar
Em7   A7 4(9)   D A7 4(9)
  Te encontrar de qualquer jei_to
D   F#m7
  Pra sentar e conversar
Em7   A7 4(9)   D DM7
  Depois de andar de encontro ao ven_to
D6   B7(b9)   Em   A7 4(9)
  Eu preci__so respirar o mesmo ar que te rodeia
                  D
  E na pele eu quero ter
         A/C#   F#7(b9)   Bm7
  O mesmo sol que te bronzeia
D   D#°   Em7   A7
  Eu preci_so te tocar e outra vez te ver sorrindo
         D
  E voltar num sonho lindo

D6   B7(b9)   Em7   A7 4(9)
  Já não dá mais pra viver um sentimento sem sentido
              D   A/C#   F#7(b9) Bm7(M7)
  Eu preciso descobrir a emoção de estar   contigo
Bm7   Em7
  Ver o sol amanhecer
                 A7 4(9)   D
  E ver a vida acontecer como um dia de domingo
          G   F#m7 B7 4(9)
  Faz de conta que ainda é ce__do
B7(b9) Em7   A7 4(9)   D
  Tudo vai ficar por con__ta da emoção
          G   GM7 C#7(b9) F#m7
  Faz de conta que ain___da é ce__do,
B7(b9) Em7   A7 4(9)   D Bbm7 Eb7
  E deixar falar a voz do coração

54

Tim Maia:

    Ab   Cm7
Eu preciso te falar

Bbm7   Eb7 4(9)   Ab   Eb7 4(9)
Te encontrar   de qualquer jei_to

    Ab   Cm7
Pra sentar e conversar

Bbm7   Eb7 4(9)   Ab
Depois de andar   de encontro ao ven_to

Ab6   F7(b9) Bbm7   Eb7 4(9)
Eu preciso res__pirar   o mesmo ar que te rodeia

            Eb/Db   Cm7
E na pele eu que__ro ter

            Eb   E°   Fm(M7)
O mesmo sol que te   bronzeia

      Fm7   Bbm7   Eb7(9)
Eu preci__so te tocar   e outra vez te ver sorrindo

                      Ab
E voltar num sonho lin_do

Ab6   F7(b9) Bbm7   Eb7 4(9)
Já não dá mais pra viver   um sentimento sem senti__do

              Eb/Db Cm7   Eb   E°   Fm(M7)
Eu preciso des__cobrir a emoção de estar   conti__go

Fm7   Bbm7
Ver o sol amanhecer

                 Eb7 4(9)   Ab
E ver a vida acontecer   como um dia de domingo

          Db   Cm7   F7 4(9)
Faz de conta que ainda é ce__do

F7(b9)   Bbm7   Eb7 4(9)   Ab
Tudo vai ficar por con__ta da emoção

         Db   G7(b13) Cm7   F7 4(9)
Faz de conta que ainda é ce__do,

F7(b9)   Bbm7   Eb7 4(9)   Ab
E deixar falar a voz   do coração

Instrumental: G7 4(9) C/G C°/G G7 4(9) C/G
                C°/G F/A G/B Ab/C Bb/D

Repete e fade out:

        F   Em7   A7 4(9)
Faz de conta que ainda é ce__do

A7   Dm7   G7 4(9)   C
Tudo vai ficar por con__ta da emoção

       F   B7(b9) Em7   A7 4(9)
Faz de conta que ainda é ce__do,

  Dm7   G7 4(9)   C
E deixar falar a voz   do coração

Copyright © 1994 by SONY MUSIC EDIÇÕES MUSICAIS LTDA.
Copyright © by EDIÇÕES MUSICAIS TAPAJÓS LTDA.
Todos os direitos autorais reservados para todos os países. *All rights reserved.*

| D   DM7   D6   B7(b9)   Em7

—to   Eu pre-ci—so res—pi-rar   o mes-mo ar que te—ro-dei-

A7/4(9)   D   A/C#   F#7(b9)   Bm7 D   D#°

—a E na pe-le que—ro ter   O mes-mo sol que te—bron-zei—a   Eu pre-ci—so te

Em7   A7   D

to-car   e ou-tra vez te ver—sor-rin—do   E vol-tar—num so-nho lin—do

D6   B7(b9)   Em7   A7/4(9)

Já não dá—mais pra—vi-ver—um sen-ti-men-to sem—sen-ti—do Eu pre-ci-so des-co-

D   A/C#   F#7(b9)   Bm(M7)   Bm7

-brir— a e-mo-ção de es-tar—con-ti—go— Ver o sol—a-ma-

Em7   A7/4(9)   D

-nhe-cer— E ver a vi-da a-con—te-cer— co-mo um di—a de do-min-go— Faz de

G   F#m7 B7/4(9) B7(b9) Em7   A7/4(9)   D

con-ta que a-in-da é ce—do   Tu-do vai fi-car—por con—ta da e-mo-ção— Faz de

G   GM7 C#7(b9) F#m7 B7(b9) Em7   A7/4(9)   D   Bbm7 Eb7

con-ta que a-in-da é ce—do   E dei-xar fa-lar—a voz—do co—ra-ção—

Voz (Tim Maia)
38
Ab C m7 Bbm7 Eb7/4(9)
Eu pre-ci- so te fa-lar Te en-con-trar de qual-quer jei-
41
Ab Eb7/4(9) Ab C m7
-to Pra sen-tar e con- ver-sar
44
Bbm7 Eb7/4(9) Ab Ab6 F7(b9)
De-pois de an-dar de en-con- tro ao ven- to Eu pre-ci- so res- pi-rar
47
Bbm7 Eb7/4(9) Eb/Db C m7 Eb E°
o mes-mo ar que te-ro-dei- a E na pe-le que- ro ter O mes-mo sol que te bron-zei-
50
F m(M7) F m7 Bbm7 Eb7(9)
-a Eu per-ci- so te to-car E ou-tra vez te ver sor-rin- do E vol-tar num so- nho lin-
53
Ab Ab6 F7(b9) Bbm7
-do Já não dá mais pra vi-ver um sen-ti-men-to sem sen-ti-
56
Eb7/4(9) Eb/Db C m7 Eb E° F m(M7) F m7
-do Eu pre-ci-so des- co-brir a e-mo-ção de es-tar con-ti- go Ver o sol a-ma- nhe-cer
59
Bbm7 Eb7(9) Ab
E ver a vi-da a-con- te-cer co-mo um di-a de do - min-go Faz de

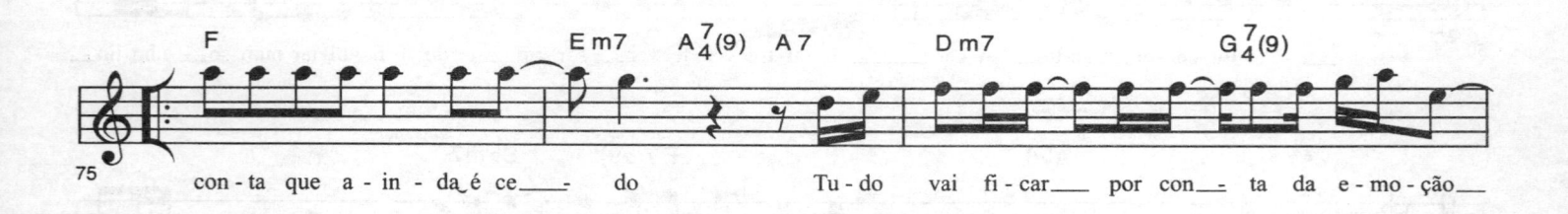

con-ta que a-in-da é ce— - do Tu-do vai fi-car— por con- - ta da e-mo-ção—

Faz de con-ta que a-in-da é ce— - do E dei-

-xar fa-lar— a voz— do co- - ra-ção—

Instrumental
Voz
Faz de

con-ta que a-in-da é ce— - do Tu-do vai fi-car— por con- - ta da e-mo-ção—

Faz de con-ta que a-in-da é ce— - do E dei-

-xar fa-lar— a voz— do co- - ra-ção— Faz de

Fade out

Rio

ROBERTO MENESCAL e
RONALDO BÔSCOLI

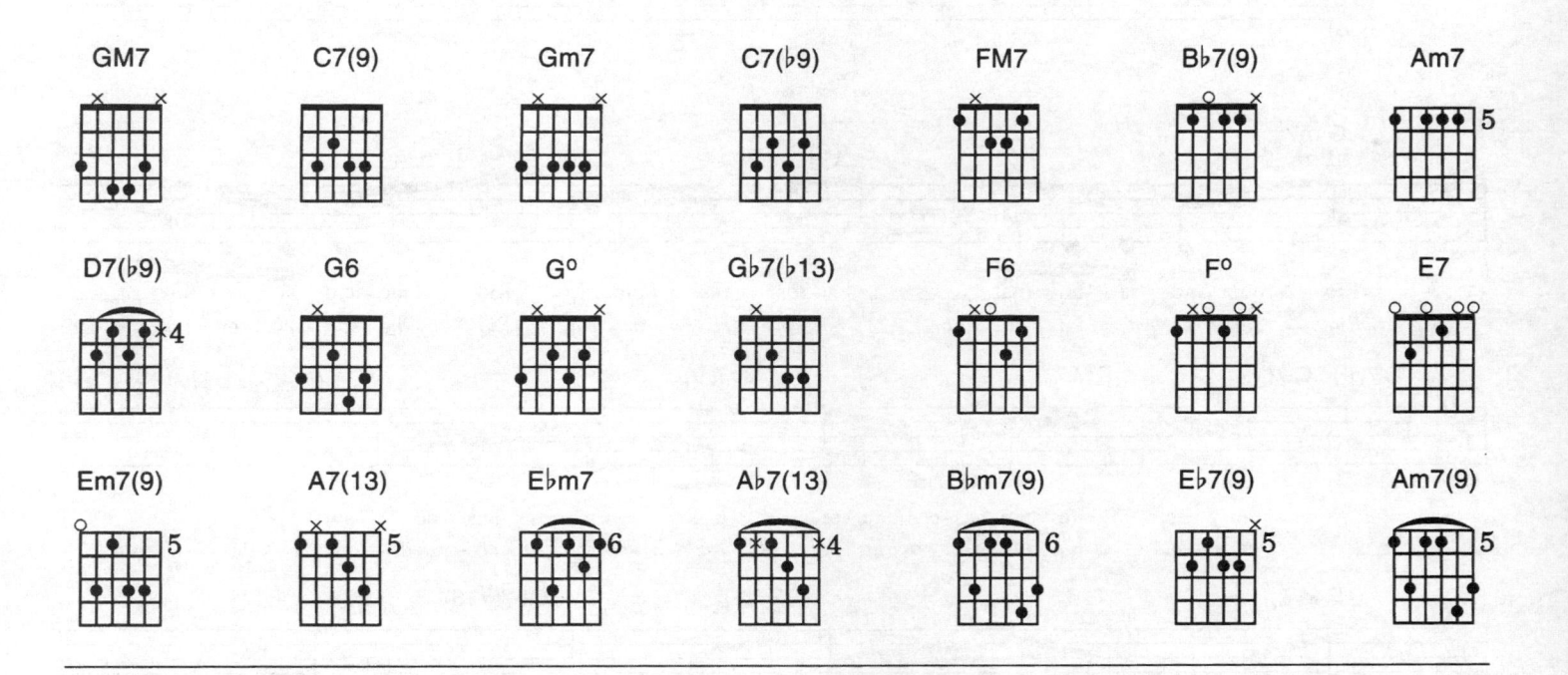

Introdução: **GM7 C7(9) GM7 C7(9)**
          Gm7 C7(9) Gm7 C7(9)

Gm7   *C7(9)*
Rio que mora no mar
             Gm7
Sorrio pro meu Rio
                C7(9)
Que tem no seu mar
C7(b9)   FM7   *Bb7(9)*
Lindas flores que nascem more__nas
           Am7   D7(b9)
Em jardins de sol

Gm7   *C7(9*
Rio, serras de veludo
             Gm7
Sorrio pro meu Rio
                C7(9)
Que sorri de tudo
C7(b9)   FM7   *Bb7(9)*
Que é dourado quase todo di__a
           Am7   D7(b9)
E alegre como a luz

GM7   *G6*   *G°*
Rio é mar,   eterno se fazer amar
Gb7(b13) FM7
O meu Rio é lua
F6   *F°   E7*
Amiga branca e nua
    Em7(9)
É sol, é sal, é sul
A7(13)   *Ebm7*
São mãos se descobrindo em todo azul
Ab7(13)   *Gm7*
Por isso é que meu Rio da mulher beleza
C7(9)   *Bbm7(9)*
Acaba num instante com qualquer tristeza
Eb7(9)   *Am7(9)*
Meu Rio que não dorme porque não se cansa
D7(b9)   *GM7*
Meu Rio que balança

Sou Rio, sorrio
C7(9)
Sou Rio, sorrio
           Gm7
Sou Rio,   sorrio
           C7(9)
Sou Rio, sorrio
                   Gm7
Sou Rio, sorrio

Rio que mora no mar *(etc.)*

Rio

ROBERTO MENESCAL e RONALDO BÔSCOLI

♩ = 65

Instrumental

| G M7 | C7(9) | G M7 | C7(9) | G m7 | C7(9) | G m7 | C7(9) |

Voz

Rio que mo-ra no mar___ Sor-ri-o pro meu Rio Que tem no seu mar___ Lin-das flo-res que nas-cem mo-re___-nas Em jar-dins de sol ___ Rio é mar,___ e-ter-no se fa-zer a-mar___ O meu Rio é lu-a ___ A-mi-ga bran-ca e nu-a___ É sol, é sal,___ é sul___ São mãos se des-co--brin-do em to___-do a-zul___ Por is-so é que meu Rio da mu-lher be-le-za___ A-ca-ba num ins--tan-te com qual-quer tris-te-za___ Meu Ri-o que não dor-me por-que não se can-sa___ Meu Ri-o que ba--lan-ça Sou Rio,___ sor-rio Sou Rio, sor-rio Sou Rio,___ sor-rio Sou Rio, sor-rio Sou Rio,___ sor-rio

Rio, ser-ras de ve-lu-do___ Sor-ri-o pro meu Rio Que sor-ri de tu-do___ Que é dou-ra-do qua-se to-do di___-a E a-le-gre co-mo a luz

D.C.

Copyright © 1976 by IRMÃOS VITALE S/A Ind. e Com. - São Paulo - Brasil.
Todos os direitos autorais reservados para todos os países. *All rights reserved.*

Você e eu, eu e você

TIM MAIA

Bbm7 — **Eb7(9)**

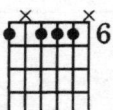

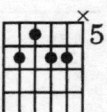

Introdução (2Xs): Bbm7 Eb7(9) Bbm7 Eb7(9)

REFRÃO:

Bbm7   Eb7(9)
Você e eu, eu e você
Bbm7   Eb7(9)
Eu e você, você e eu

Juntinhos
Bbm7   Eb7(9)
Você e eu, eu e você
Bbm7   Eb7(9)
Eu e você, você e eu

Bbm7   Eb7(9)
Juntinhos sempre lado a lado
Bbm7   Eb7(9)
Vamos ver o dia amanhecer
Bbm7   Eb7(9)
Enrolados nesse abraço louco
Bbm7   Eb7(9)
Nunca mais você vai se esquecer

Refrão

Bbm7   Eb7(9)
No nosso caso es__tava previsto
Bbm7   Eb7(9)
Este nosso encontro é casual
Bbm7   Eb7(9)
Do encontro eu nem sabia
Bbm7   Eb7(9)
Que seria assim sensacional

Refrão

Instrumental (8Xs): Bbm7 Eb7(9) Bbm7 Eb7(9)

Refrão

Bbm7   Eb7(9)
Então não percamos tempo
Bbm7   Eb7(9)
Vamos dessa vez nos divertir
Bbm7   Eb7(9)
Jantar juntos, dançar juntos
Bbm7   Eb7(9)
E depois então vamos dormir

Refrão

Instrumental, repete ad libitum e fade out:
Bbm7 Eb7(9) Bbm7 Eb7(9)

Você e eu, eu e você

TIM MAIA

♩ = 120

Instrumental
| Bbm7 | Eb7(9) | Bbm7 | Eb7(9) |

Voz
| Bbm7 | Eb7(9) | Bbm7 | Eb7(9) |

Vo-cê es eu,__ eu e vo-cê   Eu e vo-cê,__ vo-cê e eu__   Jun-tinhos

| Bbm7 | Eb7(9) | Bbm7 | Eb7(9) |

Vo-cê es eu,__ eu e vo-cê   Eu e vo-cê,__ vo-cê e eu__

| Bbm7 | Eb7(9) | Bbm7 | Eb7(9) |

Jun-tinhos sem-pre la-do a la-__ do   Va-mos ver o di-a a-ma-nhe-cer
No'nosso caso__ es-__ta-va pre-vis-__to   Es-te nos-so en-con-tro é ca-su-al

| Bbm7 | Eb7(9) | Bbm7 | Eb7(9) |

En-ro-la-__ dos nes-se a-bra-ço lou-__ co   Nun-ca mais vo-cê vai se es-que-cer__
Do en-con-__ tro eu nem sa-bi-__ a   Que se-ri-a as-sim sen-sa-cio-nal__

| Bbm7 | Eb7(9) | Bbm7 | Eb7(9) |

Vo-cê es eu,__ eu e vo-cê   Eu e vo-cê,__ vo-cê e eu__   Jun-tinhos

| Bbm7 | Eb7(9) | Bbm7 | Eb7(9) |

Vo-cê es eu,__ eu e vo-cê   Eu e vo-cê,__ vo-cê e eu__

Copyright © by SEROMA EDIÇÕES MUSICAIS LTDA.
Todos os direitos autorais reservados para todos os países. *All rights reserved.*

Solo de guitarra (4X) | Bbm7 | Eb7(9) | Bbm7 | Eb7(9) |

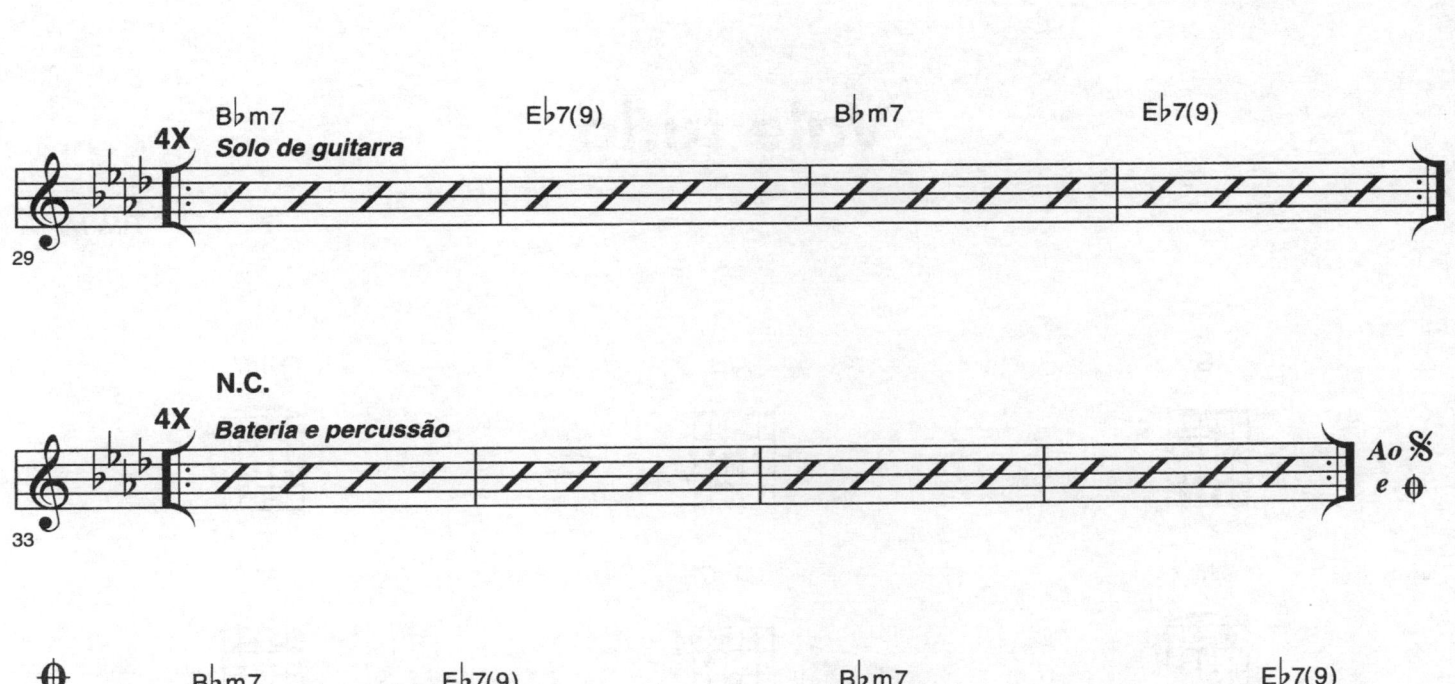

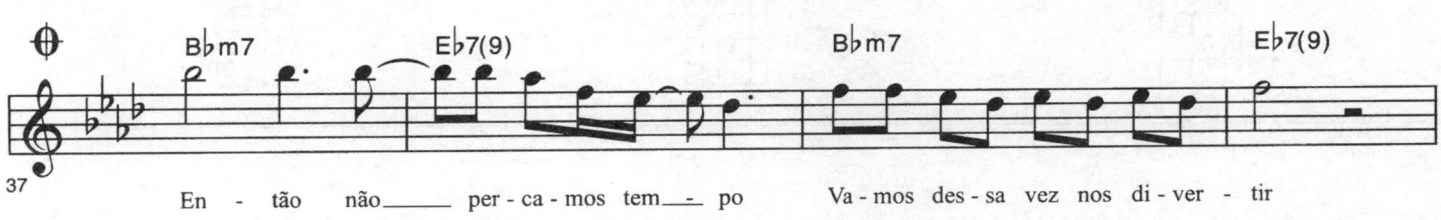

Bateria e percussão (4X) N.C. — Ao 𝄋 e ⊕

Então não percamos tempo
Vamos dessa vez nos divertir
Jantar juntos, dançar juntos
E depois então vamos dormir
Você e eu, eu e você
Você e eu, eu e você
Juntinhos
Você e eu, eu e você
Você e eu, eu e você

Instrumental | Bbm7 | Eb7(9) | Bbm7 | Eb7(9) |

Fade out

Vale tudo

TIM MAIA

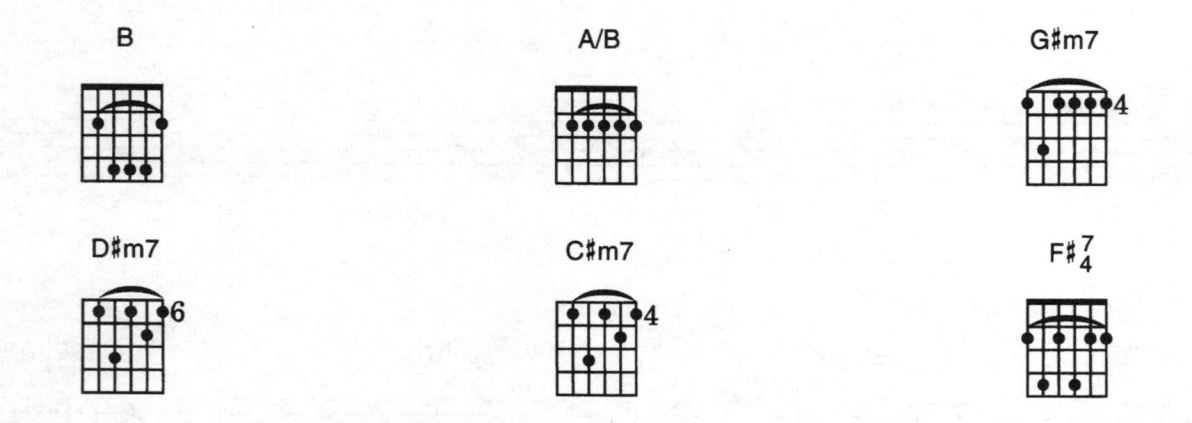

Introdução (4Xs): **B A/B B A/B**

   B   **A/B**
Va_le, vale tu__do

   B   **A/B**
Va_le, vale tu__do

G#m7   **D#m7 G#m7**
Vale o que vier

              D#m7
Vale o que quiser

    C#m7   **D#m7**
Só não vale dançar homem com ho__mem

C#m7   **F#7 4**
Nem mulher com mulher, o resto vale

Repete do princípio

65

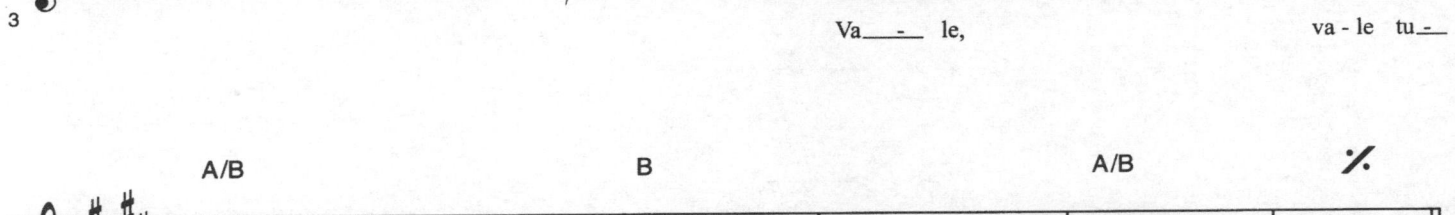

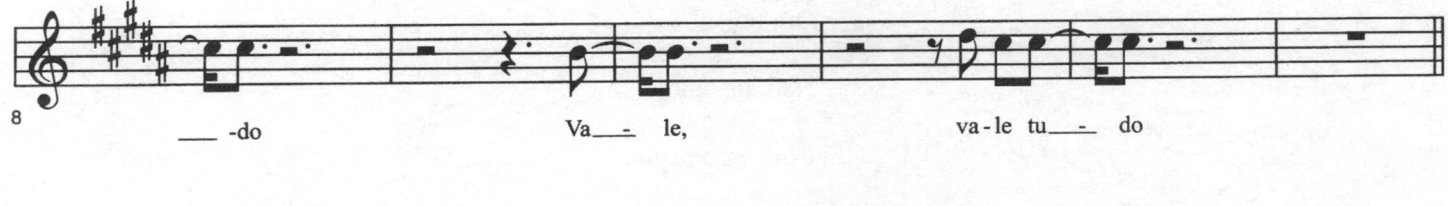

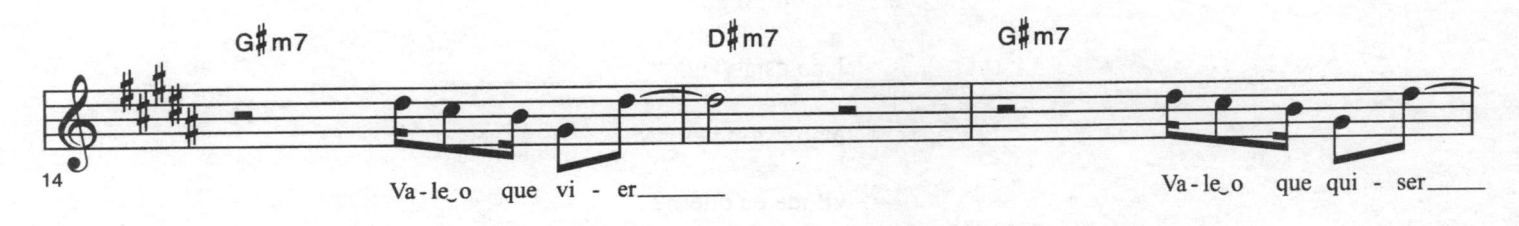

Sossego

TIM MAIA

C7(9)

C7(9)
Ora bolas

Não me amole

Com esse papo

De emprego

Não está vendo?

Não estou nessa

O que eu quero?

Sossego

O que eu quero?

Sossego

O que eu quero?

Sossego

O que eu quero?

Sossego

O que eu quero?

Sossego

♩ = 110
C 7(9)
Instrumental
Metais
C 7(9)
C 7(9)
Voz
O - ra
bo - las
Não me‿a - mo - le
Com‿es - se
pa - po
De em - pre - go.
Não‿es - tá
ven - do?
Não‿es - tou
nes - sa
O que‿eu
que - ro?
Sos - se - go
O que‿eu
3X
que - ro?
Sos - se - go
O que‿eu
que - ro?
Sos - se - go
Fade out
Ao 𝄋 e Fade out

Telefone

NELSON KAÊ e
BETO CORRÊA

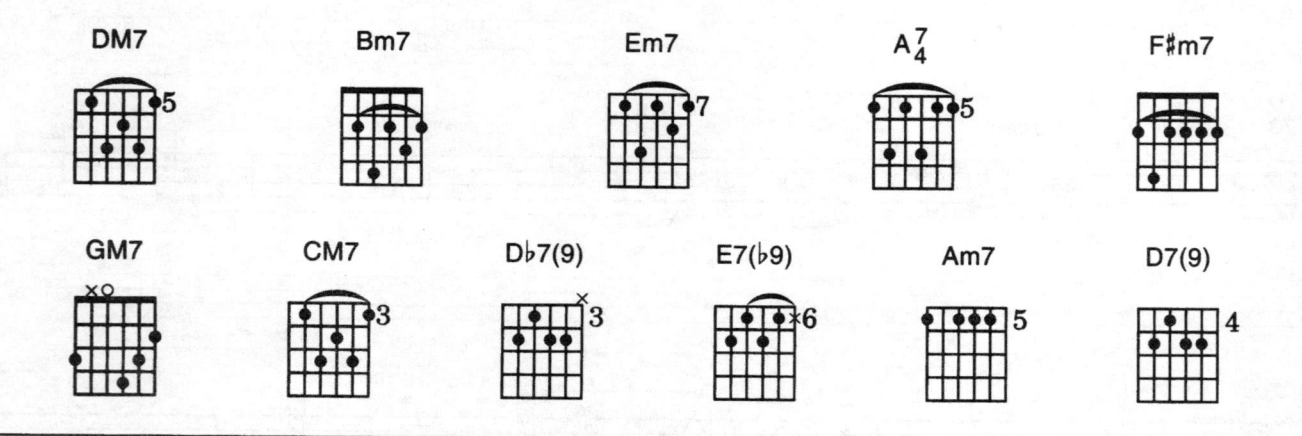

[Chord diagrams: DM7, Bm7, Em7, A7/4, F#m7, GM7, CM7, Db7(9), E7(b9), Am7, D7(9)]

Introdução (5Xs): **DM7 Bm7 Em7 A7 4**

FALANDO:
Alô, alô! - Quem fala? - Sou eu, amor. Você não se lembra mais da minha voz?
- Mas essa hora da manhã? - Ah, eu queria tanto te ver. - Às quatro horas da manhã? - Ah, eu não consigo dormir, eu preciso te ver...

            DM7   **Em7**
  Eu bem que te avisei pra não levar a sério
Bm7   **B7 Em7**   **A7 4**
  O nosso caso de amor,   eu sempre fui sincero e você sabe muito bem
            DM7   **Em7**
  Eu bem que te avisei pra não levar a sério
Bm7   **B7 Em7**   **A7 4**
  O nosso caso de amor,   eu sempre fui sincero e você sabe muito bem

          DM7 Em7
  Eu não te prometi   nada
Bm7   **B7**
  Não venha me cobrar por esse amor
    Em7   **F#m**   **GM7**
  Pois esse sentimento eu não tenho pra te dar
CM7   **GM7 Db7(9) CM7**   **GM7 E7(b9)**
  Sinto muito em te dizer,   vê se tenta esquecer
CM7   **GM7**   **E7(b9)**   **Am7**
  Os momentos que passamos, que juntinhos nos amamos
D7(9)   **GM7**   **E7(b9)**
  Leve um beijo e adeus
Am7   **D7(9)**   **GM7**   **A7 4**
  Leve um beijo e adeus

Solo de sax: **DM7 Em7 DM7 Em7 Bm7 B7 Em7 A7 4**

  Eu não te prometi nada *(etc.)*

Solo de guitarra e sax: **DM7 Bm7 Em7 A7 4 (4Xs)**

♩ = 60

| DM7 Bm7 | Em7 A⁷/₄ | DM7 Bm7 | Em7 A⁷/₄ | DM7 Bm7 | Em7 A⁷/₄ |

3X Instrumental

FALANDO: - Alô, alô! - Quem fala? - Sou eu, amor. Você não se lembra mais da minha voz? - Mas essa hora da manhã? - Ah, eu queria tanto te ver. - Às quatro horas da manhã? - Ah, eu não consigo dormir, eu preciso te ver...

| DM7 | Bm7 | Em7 | A⁷/₄ | Voz |

Eu bem que te_a-vi-

| DM7 | Em7 | Bm7 | B7 |

-sei pra não le-var a sé rio___ O nos-so ca-so de a-mor, eu

1. | Em7 | | | A⁷/₄ |

sem-pre fui sin-ce-ro_e vo-cê sa-be mui-to bem Eu bem que te_a-vi

2. | Em7 | | A⁷/₄ | DM7 A7(9) | Em7 |

sem-pre fui sin-ce-ro_e vo-cê sa-be mui-to bem Eu não te pro-me-ti bei-na-da__-

| Bm7 | B7 | Em7 | F#m7 | GM7 |

Não ve-nha me co-brar por es-se_a-mor Pois es-se sen-ti-men-to eu não te-nho pra te dar

𝄋 | CM7 | | GM7 D♭7(9) CM7 | | GM7 E7(♭9) |

Sin-to mui-to em te di-zer,___ vê se ten-ta es-que-cer___

Copyright © by SEROMA EDIÇÕES MUSICAIS LTDA.
Todos os direitos autorais reservados para todos os países. *All rights reserved.*

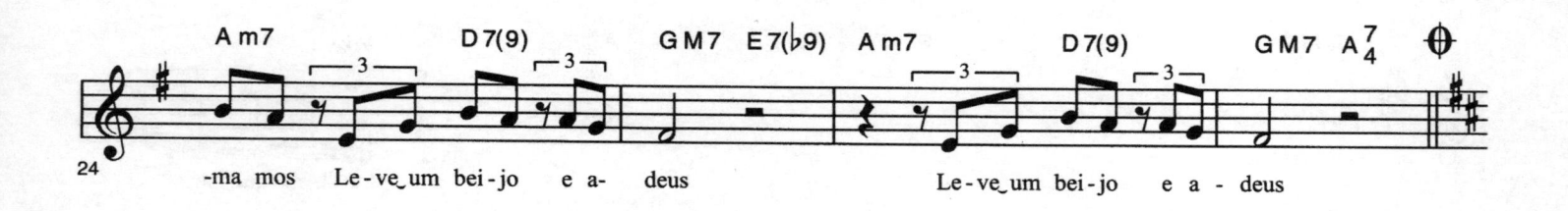

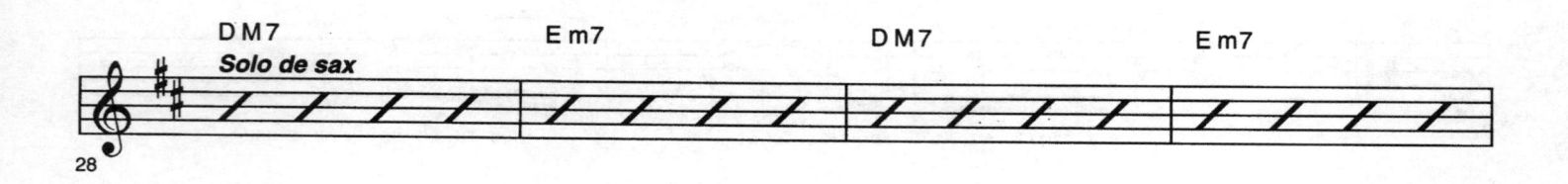

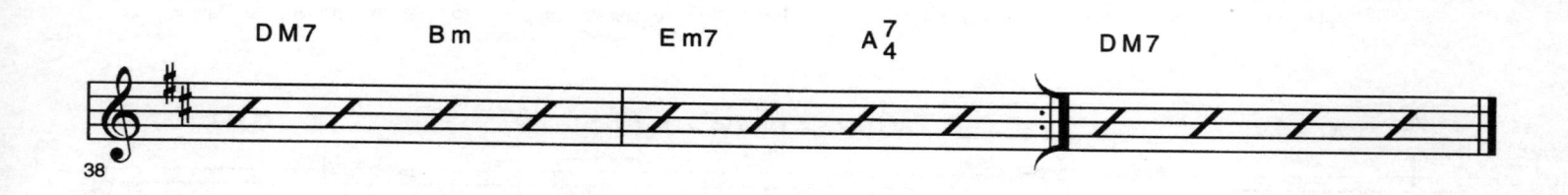

Os mo-men-tos____ que pas-sa-mos____ que jun-ti-nhos____ nos a-ma mos Le-ve um bei-jo e a-deus   Le-ve um bei-jo e a-deus

Solo de sax

Eu não te pro-me-ti   na-da___

Solo de guitarra e de sax

Me dê motivo

MICHAEL SULIVAN e
PAULO MASSADAS

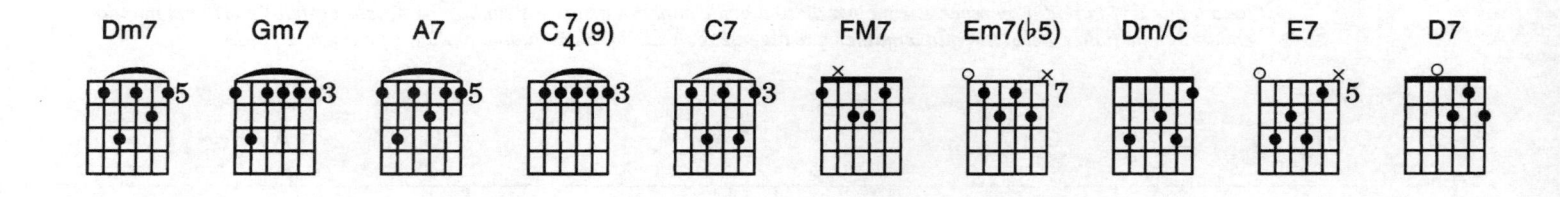

Dm7   Gm7   A7   C7/4(9)   C7   FM7   Em7(♭5)   Dm/C   E7   D7

Introdução: **Dm7   Gm7   Dm7   Gm7 (4Xs)**
Dm7   Gm7   Dm7   Gm7   A7

FALANDO: É engraçado, às vezes a gente sente fica pensando que está sendo amado, que está amando e que encontrou tudo o que a vida poderia oferecer. E em cima disso a gente constrói os nossos sonhos, os nossos castelos e cria um mundo de encanto onde tudo é belo. Até que a mulher que a gente ama, vacila e põe tudo a perder, e põe tudo a perder.

   Dm7   Gm7
Mê dê motivo pra ir embora
  C7 4(9) C7 FM7
Estou vendo a hora de te perder
 Em7(♭5) A7 Dm7 Dm/C
Mê de motivo, vai ser agora
  E7   Em7(♭5)
Estou indo embora, o que fazer?
 A7 Dm7   Gm7
Estou indo embora não faz sentido
  C7 4(9) C7 FM7
Ficar contigo, melhor assim
 Em7(♭5) A7 Dm7 Dm/C
E é nessa hora que o homem chora
  E7   Em7(♭5) A7
A dor é forte demais pra mim

Instrumental (2Xs): **Dm7   Gm7   Dm7   Gm7**

FALANDO: Já que você quis assim, tudo bem, cada um pro seu lado, a vida é isso mesmo. Eu vou procurar e sei que vou encontrar alguém melhor que você. Espero que seja feliz no seu novo caminho. Ficar contigo não faz sentido, melhor assim.

  Dm7   Gm7
Mê dê motivo, foi jogo sujo
  C7 4(9) C7 FM7
E agora eu fujo pra não sofrer
 Em7(♭5) A7 Dm7 Dm/C
Fui teu amigo, te dei o mundo
  E7   Em7(♭5) A7
Você foi fundo quis me perder
  Dm7   Gm7
Agora é tarde não tem mais jeito
  C7 4(9) C7 FM7
O teu defeito não tem perdão
 Em7(♭5) A7 Dm7 Dm/C
Eu vou à luta, que a vida é curta
  E7   Em7(♭5)
Não vale a pena sofrer em vão

 A7 Gm7
Pode crer você pôs tudo a perder
   Dm7
Não podia me fazer o que fez
  E7   Em7(♭5) A7 Dm7
E por mais que você tente negar, me dê moti_vo
 D7   Gm7
Podes crer eu vou sair por aí
  Dm7
E mostrar que posso ser bem feliz
  E7   Em7(♭5)
Encontrar alguém que saiba me dar
 A7 Dm7
Me dar moti__vo
   Gm7
Me dar moti__vo

Vocalize com fade out: **Dm7   Gm7**

♩ = 60

| Dm7 | Gm7 | Dm7 | Gm7 |

4X *Instrumental*

FALANDO: É engraçado, às vezes a gente sente, fica pensando que está sendo amado, que está amando e que encontrou tudo o que a vida podia oferecer. E em cima disso a gente constrói os nossos sonhos, os nossos castelos e cria um mundo de encanto onde tudo é belo. Até que a mulher que a gente ama vacila, e põe tudo a perder, e põe tudo a perder.

| Dm7 | Gm7 | Dm7 | Gm7 | A7 |

Me-

| Dm7 | Gm7 | C$^7_4$(9) | C7 |

dê mo - ti - vo   pra ir em - bo - ra   Es - tou ven - do a ho - ra   de
in - do em - bo - ra   não faz sen - ti - do   Fi - car con - ti - go,   me-
dê mo - ti - vo,   foi jo - go su - jo   E a - go - ra eu fu - jo   pra
-go - ra é tar - de,   não tem mais jei - to   O teu de - fei - to   não

| FM7 | Em7(b5) | A7 | Dm7 | Dm/C |

te per - der___   Me dê mo - ti - vo,   vai ser a - go - ra   Es - tou
-lhor as - sim___   E é nes - sa ho - ra   que o ho - mem cho - ra   A
não so - frer___   Fui teu a - mi - go,   te dei o mun - do   Vo-
tem per - dão___   Eu vou à lu - ta,   que a vi - da é cur - ta   Não

| E7 | Em7(b5) | A7 | Em7(b5) | A7 |

1.   2.

in - do em - bo - ra,   o que fa - zer?___   Es - tou   -mais pra mim___
dor é for - te   de-
-cê foi fun - do   quis me per - der___   A-
va - le a pe - na   So-

| Dm7 | Gm7 | Dm7 | Gm7 |

Instrumental

FALANDO: Já que você quis assim, tudo bem, cada um pro seu lado, a vida é isso mesmo. Eu vou procurar e sei que vou encontrar alguém melhor que você. Espero que seja feliz no seu novo caminho. Ficar contigo não faz sentido, melhor assim.

Copyright © by SEROMA EDIÇÕES MUSICAIS LTDA.
Todos os direitos autorais reservados para todos os países. *All rights reserved.*

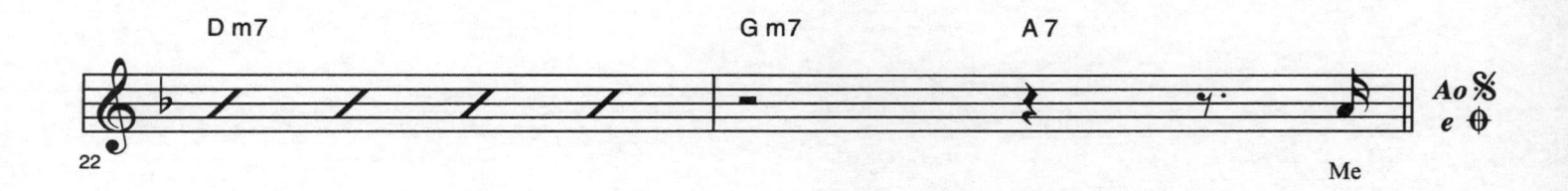

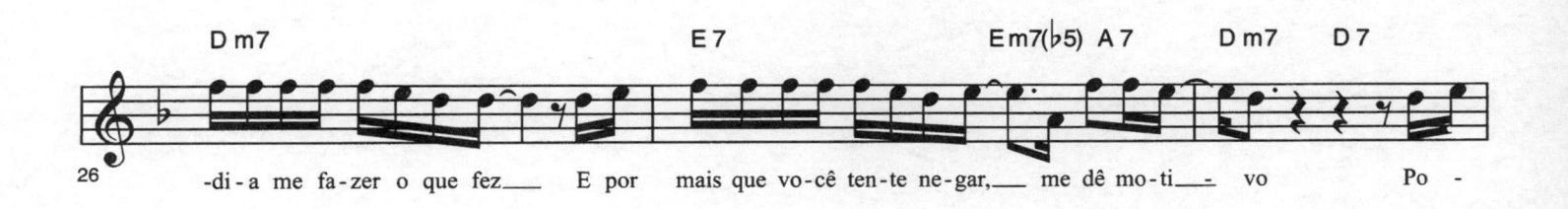

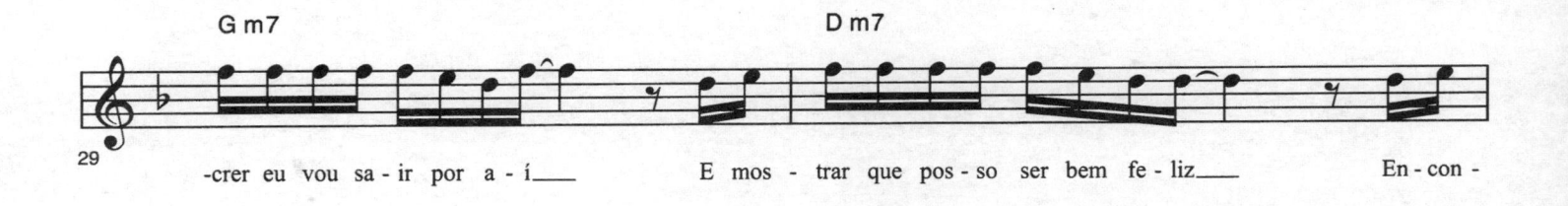

-frer em vão___ Po-de crer vo-cê pôs tu-do a per-der___ Não po-

-di-a me fa-zer o que fez___ E por mais que vo-cê ten-te ne-gar,___ me dê mo-ti - vo   Po-

-crer eu vou sa-ir por a-í___ E mos-trar que pos-so ser bem fe-liz___ En-con-

-trar al-guém que sai-ba me dar___ Me dar mo-ti - vo   Me dar mo-ti - vo

Rep. ad libitum

Tchu ru ru ru   tchu ru ru ru___ ru   **Fade out**